『噂の眞相』25年戦記

岡留安則
Okadome Yasunori

a pilot of wisdom

目次

▼地道なスクープの積み重ねと赤塚不二夫氏の「本番撮影」の顚末。
▼疑問だらけの報道協定破りで警察に別件で捜査される事態に。
▼三浦和義氏の「ロス疑惑」大報道に対し人権派路線で対抗。
▼「ロス疑惑」に続いた『週刊文春』の仕掛け人・安倍隆典氏の疑惑と挫折。
▼「モルジブ疑惑」の山根真一氏との交友関係。
▼「マニラ市内殺人事件」の犯人の文才にみたエネルギーの発露。

第三章　休刊宣言騒動裏事情篇

▼90年の初頭に早くも『噂の眞相』2000年休刊を意識していた。
▼予期せぬ東京地検特捜部による公訴によって休刊を先延ばしに。
▼検察側の立証放棄に裁判所が追随した「裁検一体」の恐るべき実態。
▼ついに休刊を告知。カウントダウンで巻き起こった一大騒動劇。
▼異例の黒字での休刊に対する他メディアからの取材攻勢。
▼フジテレビの休刊追跡ドキュメント150日の舞台裏事情。
▼看板連載「週刊誌記者匿名座談会」が狙ったものは何だったのか。
▼『週刊文春』発売禁止処分が投げかける言論の危機を問う。
▼言論封殺の仮処分攻勢に対し『週刊文春』はいかに闘うべきだったか。
▼さらに週刊誌を追いつめる東京都の不健全図書条例にみる理不尽さ。

はじめに

25年間の編集長生活は長い。ちょうど四半世紀ということになる。それも、『噂の眞相』という一冊の同じ雑誌をひたすら毎月毎月つくり続けたのだ。最終号となった『追悼！噂の眞相』という休刊記念別冊の奥付を見ると通巻308号となっている。数字だけではピンとこないが、筆者の周りにいる出版社や新聞社の知人たちに新人記者を紹介された時やシンポジウムや講演で大学などに行って学生たちに話をするたびに、皆の年齢が雑誌の歴史よりも若いことに気づかされて「へー」と驚くしかないのだ。行きつけの新宿ゴールデン街や銀座、六本木、新宿などのキャバクラやクラブにいる女の子たちだって同じだ。筆者は仕事柄もあって、若い人たちが何に興味を持ち、何をどう考えているのか、旺盛な好奇心で接する機会は多い。そのため、若い人たちと会話する中で、なおさら25年という歴史の長さを意識させられたのかもしれない。しかも、筆者にとっては『噂の眞相』の前身誌ともいえる『マスコミ評論』の編集長歴3年10カ月もあり、それも合算すれば、30年近い雑誌編集長生活ということになる。

そもそも雑誌づくりはヒューマン・インタレストがベースにないと、つくる方も読む方も面白いはずがないというのが筆者の持論だ。好奇心なき人はジャーナリズムや編集者の仕事にはまず向かない。何を聞いても「あ、そう」と無反応なタイプや、人に会うことや行動することじたいを億劫《おっくう》がる人も向かないだろう。何か分からないことがあれば、即辞書を引いたり、インターネットで検索したり、せめて人に聞くなりということをしないでそのままほっとくような人も、やめておいた方が無難だ。

雑誌は生き物であり時代を映す鏡であるというのもまた筆者の持論なので、若い人たちの置かれている状況や指向性を把握することは、何か企画を立てたり、雑誌を編集する上でも必要不可欠の前提だ。たとえ時代や読者に迎合していると批判されても、若い世代がまったく興味を示さないオヤジ雑誌のつくり方では部数だって先細りするし、先が見えてしまうのは当然だろう。筆者からみれば、これでは読者の世代交代などまず無理だろうな、というつくりの雑誌は多い。読みたい人だけ読めばいいというつくりの雑誌は、編集者が勝手に自己満足でやっていればいい、と突き放すしかない。もはや高みに立ってエラソーに論をぶったり、啓蒙主義を振りかざしたりする雑誌では、若い世代には反発しか生まない。説教調は若い世代には最大の敵である。かといって放置しておけということではない。それぞれの個人の自立をサポートするために、あらゆる分野の情報を『噂の眞相』流に工夫して発信することで、読者のための判断材料を提供する役回りに徹底してきたのである。

筆者は『噂の眞相』が学生層に読まれなくなった時は雑誌としての役回りは終わり、ということを自分なりのメルクマールとしてきた。すでに『噂の眞相』は面白いということを知ってくれた読者は放置してもいいのだ。常に次世代の読者を獲得するためには、雑誌を面白く分かりやすく、そして書店の立ち読みであっても「この雑誌は何なんだ?」と興味を持つように、つくる側が読者の側に一歩踏み込んでいくのである。時には、低俗と顔をしかめられるような企画だってあってもいい。『噂の眞相』は国際政治から芸能・風俗まで幅広い分野をカバーしてきた。芸能記事にしても、ジャニーズ事務所の追っかけファンまでが興味を持つような記事づくりを心がけてきた。『噂の眞相』の売り物だった「一行情報」にしても、初心者の読者獲得には効果的だった。たとえ、時代に添い寝している〝情況埋没雑誌〟だと古典的左翼に悪口をいわれても、きちんとした雑誌のポリシーや核があれば問題はないと考えてきた。『噂の眞相』は永田町や霞ヶ関が毎号注目するようなスキャンダル記事を載せる一方、単なる野次馬精神旺盛な好奇心の強い読者も読めるように、誌面も多彩につくってきたつもりである。その点においては総合雑誌のつくりとしては、「品がない、低俗だ」という一部の声があったとしても、逆にオヤジ化することなく部数も右肩あがりで伸びてきた唯一の雑誌だったと自負している。

　雑誌の経営じたいは休刊時点でももちろん黒字だった。もったいないという関係者の声は嫌になるくらい聞いた。確かに売れているのに休刊するなんて、雑誌界始まって以来かもしれない。いや筆者の知る限り、初めてのケースである。しかし、雑誌は生き物なのである。いずれは衰弱して臨終を迎える時が来る。ならば、まだ老いさらばえる前に、表舞台からかっこよく消え去るのも選択肢としてはありではないかというのが、筆者の美学でもあった。政界だって雑誌界だって、栄枯盛衰があれば世代交代だってあるべきなのだ。余力を残して休刊した方が「よし俺も雑誌をつくってみよう」という次世代に希望が托せるのではないか。ズタズタになっての倒産や廃刊ではどうせ結果は分かっているからという諦念が先に来る可能性が高くなる。かつての全共闘運動が学園を徹底的に破壊した後、キャンパスから一切の運動の起動力が失われたことの教訓といってもいい。本書はいずれ雑誌を創刊しようという心意気のある人たちの参考になればとの思いを込めてノウハウを公開するために書き下ろした一冊だ。もちろん、編集者やジャーナリスト志望者たちの教科書になってもいい。すでにこの業界で活躍を始めている若い人たちや、メディアのありように関心のある人々にもぜひ読んで欲しい一冊だ。

雑誌と結婚したと公言し、自分の半生をこの雑誌にかけてきた。いまだ独身だが、雑誌という子供はすでに25歳になったわけだから、筆者も親としての責任から解放されて、一人の何者にも束縛されない自由な市民にもどる計画である。自分ではまだまだ若いつもりだし、エネルギーも十分にある。その意味では少し早めの第一線現場からの撤退かもしれないが、この本を遺言メッセージとしてしばらく沖縄を拠点にし、海外を含めたスローライフの旅に出る予定だ。これは、ひたすらその悲願を達成したい一心で書き上げた、満身創痍《まんしんそうい》だった『噂の眞相』スキャンダル・ジャーナリズム25年のソーカツ本である。

第一章『噂の眞相』揺籃篇

これが創刊準備号だ！

▼創刊号は新宿5丁目のマンションの一室で慌しく準備された。

東京新宿、歌舞伎町にも近い新宿5丁目の医大通りにある7階建てマンションの一室に編集室を構えたのは1978年11月に入ってすぐのことだった。すでにセーターの必要な肌寒い季節になっていた。医大通りというのは、対面通行道ながら車がすれ違うのもギリギリの細い全長1・5キロ程度の通りで、この道沿いに東京医科大学があることからそう呼ばれている。後に『噂の眞相』で連載してもらうことになる精神科医の香山リカが通っていた大学でもある。香山はメディアにおける露出度が極めて高い精神科医の一人だが、学生時代からサブカル指向が強く、松岡正剛が主宰していた工作舎『遊』の編集部に出入りしていたという。当然、『噂の眞相』も知っており、学生時代から読んでいたということを後になって本人から直接聞かされた。ということは、香山も『噂の眞相』編集室の前を通って大学に通っていたということになるわけだが、むろん当時はそんなことなど知る由もなかった。

この一角は新宿歌舞伎町にも新宿ゴールデン街や花園神社にも2、3分で行ける場所であり、水商売で働く人々のベッドタウンという様相も呈している街だ。それまで渋谷の色街といわれた円山町にあった『マスコミ評論』編集部を追い出される形で飛び出し、あらたな拠点に選んだのがこの場所だった。その最大の理由は、筆者が上京以来もっとも馴れ親しんできたのが新宿という街であったこと、これからつくろうという雑誌のイメージは銀座でも青山でも原宿でもなく、やはり新宿だったことだ。それに、『マスコミ評論』の編集長時代の体験からも、協力者や情報源の人々が夜毎通ってくる新宿3丁目や新宿ゴールデン街が近くにあるということは、地理的にいっても打ち合わせなどの面で何かと便利だろうと考えたためである。

『マスコミ評論』を追い出されたといっても、ある程度の説明が必要だろう。筆者は75年3月、前の会社の同僚だった新島史という人物と一緒に出版社を立ち上げ、『マスコミ評論』を創刊した。共同経営で新島が発行人、筆者が編集人という役割分担を決めた上でお互いの仕事には口出ししないという約束でスタートした。『マスコミ評論』はマスメディア批判を中心とした反権力のスタンスを掲げた雑誌だったが、ラッキーなことに創刊号から大手取次会社を通して全国の書店で発売することができたこともあって、最初からそれなりに熱心な読者たちに支持され、業界内でも相応の評価を受けた雑誌へと成長していった。

新島とは雑誌を立ち上げる1年くらい前から時間があれば二人で飲みながら企画やアイデアを出し合ったりしていた。同じマスコミ業界誌の会社の同僚だった訳だから、一緒にいる時間は十分に取れた。二人で雑誌を出すという目的もあって、この時代は会社が終わってからいつも一緒に飲み歩く親しい関係にあった。新島は筆者より4歳年上だったが、父親は早大英文科の有名なタレント教授で、その一人息子だったこともあって典型的な気のいいお坊ちゃんタイプだった。ジャーナリズムじたいに取り立てて関心があるというわけではなく、何でもいいから事業を立ち上げて父親に何とか認められたいという野心を持っていることがうかがい知れた。以前、交通事故の処理を一手に引き受ける相談所をやろうとしたが、上手くいかなかったとも語っていた。一緒に雑誌をやるにはその野心の持ちように少々の不安があったが、逆に雑誌づくりに関しては素人なのであれこれ口出ししてこないだろうとの楽観的な判断もあった。

雑誌を創刊することを決めた時、それまでも何かと相談に乗ってもらっていた『週刊ポスト』の創刊編集長だった荒木博さんにも報告した。その際、「共同経営は上手くいかないケースが多いので、もう一度よく考えた方がいい」とのアドバイスをもらった。荒木さんは小学館で『ポスト』を創刊する前はライバル会社の講談社で『週刊現代』を大躍進させた功績を持っていた敏腕編集長だった。小学館が週刊誌を創刊するにあたり、ライバルの講談社からわざわざ引き抜いてスカウトした人物である。筆者が荒木さんとの知己を得たのは、『ポスト』編集長職をはずれて新雑誌開発室長という名の閑職にあった時代だった。飛ぶ鳥落とす勢いの『週刊現代』や『ポスト』編集長時代の荒木さんだったら、一介の業界誌記者にすぎなかった筆者に個人的にあれこれとアドバイスしてくれるような時間的余裕などまったくなかったはずである。その意味では筆者にとっては、実に幸運な出会いだった。

荒木さんにはその後、小学館がまったくの未開拓分野だった文芸部門に進出するために『使者』という雑誌を創刊する任務が与えられたこともあったが、華々しい週刊誌の第一線にいた立場から見れば、文芸部門は地味な世界に思えたに違いない。実際、野間宏、小田実らを中心としたこの季刊文芸誌は敏腕の週刊誌編集長だった荒木さんの編集センスを発揮するというよりも、あくまで大物作家たちの世話役としての任務だった。そのことがどう関係していたかは定かでないが、衝撃的だったのは、荒木さんが千葉県外房の海岸で入水自殺という最後の途《みち》を選択したことだった。自殺の原因じたいは曖昧《あいまい》なままだったが、おそらく講談社から小学館への電撃的移籍は出版史に残る世紀のスカウト劇と話題になったものの、見方を変えれば、結果的に講談社の経営陣だけでなく同僚や部下をも裏切った形になる。まして荒木さんは講談社で培ったノウハウや人脈をそっくり小学館に持ち込んだ訳だから、『週刊ポスト』の創刊という大仕事をやり遂げるまではともかく、その後は閑職にまわされたこともあって自分の人生をあれこれ振り返るには十分な時間があったはずだ。筆者と荒木さんの付き合いは、最初は小学館の近くの喫茶店での取材や雑談が多かったが、そのうち新宿ゴールデン街で飲んだり、『ポスト』のアンカーマンの人たちを交えてマージャンをやったりして徐々により親しい関係になっていった。後に自殺するなどということはまだ若輩者だった筆者には想像すらできなかった。編集者としての才覚にはすぐれたものがありながら、それなりの人生の辛酸も舐《な》めた荒木さんに『マスコミ評論』を共同経営で創刊するにあたって受けたアドバイスは、結果的に大正解だったことになる。その的確なアドバイスに対し、当時は、〈まあ何とかなるだろう〉とノー天気にかまえてシビアに受け止めなかったことが、後に大いに悔やまれる結果となるのである。それは文字通り、共同経営方式の完全なる破綻《はたん》であった。

▼26年前に起こった『マスコミひょうろん』事件とは何だったのか。

お互いの任務には口出ししないという創刊当初の約束はやがて意味を持たなくなっていった。当初は二人とも代表取締役を名乗り、お互いの責務をまっとうし問題があれば何事も相談しながらやっていく方針だった。しかし雑誌が思いのほか業界内で評価されたこともあって筆者はより一段と編集面に力を入れざるを得なくなり、経営や営業面はいつしか新島に全面的に任せる形となっていった。創刊当初の資金調達も新島が中心となってやっていたため、こうした経営権の全面的な移行も必然的流れだった。筆者としては好きな雑誌づくりに専念できればそれで十分に満足だったし、経営的な興味をだんだん失っていったのも事実である。何せ、少ない資本から二人だけでスタートした会社である。編集長といっても筆者がほとんど一人で雑誌をつくっていたようなものだった。

結局、筆者が『マスコミ評論』の編集にかかわったのは、創刊号から3年10カ月間で43冊だった。後半になってからようやく早大卒のK君が筆者のサポート役としてバイトで入り、新島の補佐役として営業部長にY氏、経理にはS嬢の五人体制となっていた。それ以外に、もう一人、その後作家の大下英治の事務所に移っていった非常勤のバイトM君がいただけの陣容だった。そして44冊目の締め切りに入った時に、世にいうところの『マスコミ評論』事件が起こる。正確には『マスコミひょうろん』事件である。『マスコミ評論』のタイトルは筆者が前職の業界誌時代から考えていたものだが、実際に全国の書店で販売するには少々専門誌的で硬めのイメージがあり、創刊1周年目にして一般読者層まで広げていくには限界がある誌名だと感じたために、苦肉の策として「評論」を「ひょうろん」へと改題したのだ。

『マスコミひょうろん』事件については、もはや思い出したくもないほど馬鹿げた話だが、ある日いつものように編集部に出社すると、会社の備品が持ち出され、バックナンバーも1冊残らず持ち去られていた。それだけではなく、追いうちをかけるように電話が止められ郵便物や新聞までストップされたのである。後になって分かったことだが、新島が別の経済誌出身のブラック・ジャーナリストたちに編集を全面外注して、まったく内容の違う雑誌を同時進行でつくっていたのだ。いわゆるワンマン経営者が問答無用で社員を会社から締め出して解雇するというロックアウトの手口である。何も知らない筆者を含めた新島以外の4人のスタッフには唖《あ》然《ぜん》、呆然の暴挙劇だった。筆者以外のスタッフはそもそも新島が個人的に連れてきたり、採用した面々なのだから、それだけでも正気の沙汰とは思えなかった。締め出された形になったスタッフの間でも、新島は精神的におかしくなったか、ブラック・ジャーナリストたちに変な悪知恵を吹き込まれたに違いないという見方で一致していた。

もちろん、〈ここまでやるか〉という手口の悪質さは別にしても、その予兆はあった。以前から筆者と新島の間では雑誌の方向性を巡り、「志のある雑誌ジャーナリズムを目指すべき」、「いや金儲けにならない雑誌じゃやってもしょうがない」というやりとりが幾度となく繰り返されていた。すでに雑誌としてはそれなりに市民権を得ており採算ベースにも乗っていたにもかかわらずだ。しかも錚々《そうそう》たる作家や評論家、ジャーナリストたちが執筆しており、ルポライターの登竜門としての「マスコミひょうろん賞」まで創設していた。いまさら新島のいうような限りなくブラック・ジャーナリズムに近い経済誌路線に転換できるわけもなく、「だったら、もともと二人で始めたんだから、潔く休刊してスタッフも解散してお互い別々の雑誌をつくろう」と提案せざるを得ないところまで対立の溝は深くなっていた。筆者は追放される直前の78年11月号、つまり筆者が編集した最後の号となった『マスコミひょうろん』の編集後記でこう書いている。

「草創期や危機時には顕在化しなかった矛盾が相対的安定期に入って表面化する事例は多々見られることだ。本誌もご多分にもれず雑誌経営の安定とともに編集方針と経営の間に対立が生じている。本誌は筆者（編集人）と発行人の共同経営としてスタートしたものの、そもそも雑誌発行に対する動機には最初からズレがつきまとっていただけに、いずれ起こりうることではあった。もっとも生き馬の眼を抜く出版界で、本誌のようなラディカル性を持つ雑誌が内的にも外的にも無風状態でいられるはずがないのも当然。それを切り抜けるのはスタッフの結束プラス読者の支持が基本条件である。だが、内部対立が主要な問題として存在する場合には、それ以前の話。雑誌は〝生きもの〟である以上、生れる（創刊）時もあれば、それに終止符（休刊）を打つ時が来るのも自明の理である。雑誌安定とともに最近は死に際のカッコよさも意識するようになった。年のせいかな？」（78年11月号）

年のせいといっても、このとき筆者はまだ30歳。死に際という表現は休刊を指していることはいうまでもないが、この当時からカッコいい休刊などといっているのだから、基本的なメンタリティは今日までまったく変わっていないことに、我ながら苦笑させられてしまう。

そして、今にして思えばこの編集後記こそ新島がロックアウトという強行突破を決断した引き金になったのだろうということが分かる。あらためてこの編集後記を読み返してみると、おそらく筆者の方もこれ以上の新島に対する説得工作は無理と判断したのだろう。このときの絶望的で悲しい気持ちになったことが、昨日のことのように甦《よみがえ》ってくる。学生運動で経験した深い敗北感に似た感覚が再び筆者の全身を襲い、30歳にして人生二度目の挫折を体験させられたのである。

▼最大の問題だった創刊準備資金集めは公募株主方式がヒントだった。

ともあれ雑誌界としては前代未聞ともいえるこの事件によって、突然追放されたスタッフ4人とともにとりあえず新宿に事務所を構えることにした。すでにその段階で、〈このまま引き下がるわけにはいかないだろう〉という決意が当然のように固まっていった。少なくともこのスタッフたちは新島との関係で集まった人たちだったが、新島と対立した筆者の側についてきてくれたのである。新島のやり口があまりにもひどかったため筆者に同情してくれた面もあったのだろうが、その気持ちに対して人間として意気に感じるのは当然のことだろう。このスタッフをなんとかしなくては、という責任感のような気持ちが芽生えたのだ。

この『マスコミひょうろん』事件は当時、スポーツ紙や雑誌が派手に取り上げたこともあって、業界でもちょっとした話題となった。この間の事情を聞きたいと講演会にも招《よ》ばれた。そのため、心配した執筆者や関係者たちと今後のことについて話し合う機会も多かった。その中には、「この際、自分で雑誌を出したらどうか。協力するよ」というありがたい申し出もあった。しかし、まだ30歳そこそこの若僧に雑誌を創刊するような資金力があるはずもなく、最大の問題はその資金をどうやって調達するか、だった。結局、筆者が思いついたのがミニコミ誌としての先達誌だった『話の特集』の矢崎泰久氏がやっていた公募株主による資金集め方式だった。一口10万円の公募株主制度による資金集めは『マスコミひょうろん』時代に培った人脈だけが唯一の頼りだった。しかし、いくら筆者に編集者としていくばくかの実績やセンスがあったとしても、当時一口10万円を出すことは、金をドブに捨てるみたいな無謀ともいえる決断が必要だったのかもしれない。このとき、まだ『平凡パンチ』で駆け出しの記者だったノンフイクション作家の足立倫行《のりゆき》氏は、『噂の眞相』の最終別冊『追悼！ 噂の眞相』の中で公募株主に応じた、当時の心境をこう語っている。

「『一口、乗ってくれないか』と言われた。運転資金がないから、株主という名目で金を貸してくれ、ということだ。私は正直な話、躊躇した。それまで『マスコミ評論』で何度か原稿を書いたことがあるが、私の記事も、雑誌全体も、いかにもいかがわしいシロモノで、会社ごといつポシャルかわからなかった。私も全共闘世代のハシクレだったので、ゲリラ・ジャーナリズムの存在意義は承知していた。岡留さんの志の高さだけは、疑うわけにはいかなかった。(中略) 駆け出しの身にはものすごく苦しかったのだが、『噂の眞相』の株主になることにした」

足立氏は結局、休刊するまで25年間株主をつとめてくれた。創刊から休刊まで株主をつとめてくれたのは、この足立氏と後に直木賞作家となった小池真理子氏の二人である。この二人に対する休刊時の清算額はそれぞれ100万円だった。筆者としては、それが高いのか安いのかはよく分からなかったが、足立氏からは、「この時ほど岡留さんとつきあってきて、よかったと思ったことはなかった」との返金に対する礼状をもらって、ホッとした。少なくとも金をドブに捨てるような事態が避けられ、株主に対する責任を果たせたことがこちらも足立氏以上にうれしかった。創刊時に800万円ほど集まった公募株主の他の人たちには創刊10年目の経営が安定期に入ったと判断した時点で、全員に利息をつけた形で返却した。その中の一人、ルポライターの岩田薫氏も同じ最終別冊に寄せた一文の中で公募株主になったいきさつを書いているので紹介しておこう。

「岡留氏が『マスコミ評論』の編集長をやっていた当時を思い出す。村上龍の芥川賞受賞の背景をスッパ抜いた私の記事をどこも載せてくれず、最後に持ち込んだのが岡留氏の雑誌だった。タブーの問題であればあるほど、元気よく掲載に踏み切ってくれるのが、岡留氏の当時からの一貫したポリシーである。だから『マスコミ評論』を出た岡留氏が、『噂の眞相』を立ち上げた際も、私たちは快く株主となって応援することを決意した」

こうした人たちに支えられて『噂の眞相』は創刊されたのである。逆にいえば、こうした公募株主が集まらなかったら、『噂の眞相』25年の歴史じたいが存在しなかったことになる。筆者の人生にとっても忘れがたい感謝感激の出来事であった。かつてオリンピックの平泳ぎ決勝戦で、当時14歳の岩崎恭子がまったく下馬評にも上っていなかったのに金メダルを獲ったことがあった。そのときの金メダル受賞インタビューで「今まで生きてきた中で一番幸せです」とまったく邪心のない気持ちを語ったが、筆者にとっても同じような気持ちだった。それは創刊号を出した79年3月10日に合わせて編集部のすぐ近くにあった新宿厚生年金会館ホールで開いた創刊記念と筆者の処女出版本『雑誌を斬る』(サンマーク出版)を祝う出版記念を兼ねたパーティで、「いろいろありましたが、こうしてなんとか創刊にこぎつけることができました。ありがとうございました。これからが勝負です。とにかく頑張ります」という筆者の実に短いあいさつの中にすべての気持ちと決意が込められていた。この時のパーティの模様は椎名誠氏の処女作品『さらば国分寺書店のオババ』の中にもいささか面白おかしくデフォルメされた形で出てくる。そして、『本の雑誌』編集長として才覚を現し始めていた椎名氏との初めての出会いが、このパーティだった。椎名氏がそれまでにも『マスコミひょうろん』に対し、「発売日の待ち遠しい雑誌」と折に触れて書いてくれていたこともあって、前からぜひ一度会いたいと思っていた筆者が招待状を出したら、パーティにやってきてくれたのである。ともに新宿を拠点にしたミニ自立系の70年代サブカルチュアー雑誌同士の歴史的な遭遇の場ともなったこの創刊パーティには、150人くらいの支援者や関係者などの業界人が集まってくれた。

▼創刊号の発売にこぎつけるまでにクリアした数々の刊行条件。

とはいっても、創刊するにあたり最大の難関だった公募株主のメドがついたからといって、創刊号を出すまでの道程がそう平坦だったわけではない。大手の出版社はともかく、中小の場合には創刊号を出してから、実際に雑誌の売り上げが入金されてくるのはだいたい4カ月後。そのため、3冊出した段階で資金が足りなくなって休刊する、いわゆる「三号雑誌」と呼ばれるものが出てくることになる。創刊時点で宣伝費がふんだんに使えない条件下にある雑誌の場合には、それを避けるために、とにかく話題になって売れるような創刊号をつくりあげることと、4号目までは確実に出せる運転資金を準備するかそれなりの確たるメドをつけておくことが、何よりも前提条件である。

『噂の眞相』の場合に、まずやったのは、追放劇でストックされていた、78年12月号として発売予定だった原稿に日の目を見させることだった。せっかく書いてもらった原稿が抹殺されたままでは、執筆者に対してあまりにも申し訳ない話である。ちなみにその号のトップ記事はまだライターとしては新人だった猪瀬直樹氏の「ＯＬのクビも飛ばした『週刊新潮』の〝実力〟」という特集記事だった。日本鋼管に勤務する女性の私生活を暴き出して退社に追い込んだ『週刊新潮』の弱い者イジメの体質を皮肉りつつ批判した記事である。女性の名前は匿名扱いではあったが、売春疑惑の記事が出たことで社内でも広く知られるところとなり、結局、このＯＬ

は会社を辞めざるを得ない破目になったのである。『週刊新潮』の人権意識が欠如した誌面づくりのスタンスはこの頃から少しも変わっていないということが、今となっても興味深い。

それはともかく、原稿じたいはほとんど入稿済みで筆者の手元に集まっていたので、後は資金と印刷会社さえ見つかれば雑誌はすぐにでも刊行できる体制にあった。その際、一番困ったのが表紙の制作だった。さすがにそれだけはまったく準備していなかったので、執筆者の一人だった岩田薫氏が紹介してくれたイラストレーターの山口三男氏に手持ちの作品を見せてもらって選んだのが「『マスコミひょうろん』幻の12月休刊号――『噂の眞相』創刊準備号」の表紙を飾っている米国の星条旗をデザインしたヘルメットの頭上を戦闘機が墜落していくシーンである。ちなみに創刊から1年間表紙イラストを手がけてもらったのが、この山口三男氏である。創刊号の女性のスカートが風で捲《まく》れ上がっている後ろ姿というインパクトのあるイラストを含めて、その後1年間のセクシーでカストリ雑誌風の女性像を描き続けてもらったのである。

創刊から3年くらい経《た》っていただろうか、画家にして芥川賞作家の池田満寿夫氏（故人）と奥さんでバイオリニストの佐藤陽子さんをまじえて四谷左門町の池田・佐藤夫妻宅で家庭マージャンをやる機会があったとき、池田さんに「杉浦康平さんに代わる前の表紙は下品だったねー」とあらためて指摘されたことがあった。確かに杉浦さんは日本を代表するデザイン界の大御所であり、その洗練されたデザインのセンスが卓越しているのは確かである。池田さんの美的センスの高さも認めよう。しかし、あえて山口氏の名誉のためにいえば、あの一連のイラストは筆者の強い要請によって描かれたものであり、下品との指摘は筆者が引き受けるべき筋合いのものだった。後に連載してもらう斎藤美奈子さんにもきっと批判されたに違いない。

それは、宣伝費が使えない小資本で始めた雑誌だけに、書店の店頭で「あれっ、これは何の雑誌だ」という感じでも、いかに多くの読者が手にとってくれるかが勝負だと考えたからである。とにかく内容には自信があったので、店頭で一度手にしてくれれば、大成功だと考えて描いてもらった表紙イラストなのである。特に、創刊号の女性のスカートが風で捲れ上がっているイラストは泥臭くても下品、女性差別といわれても、「人はこれをスキャンダル雑誌という」なるサブタイトルと、のぞくというヒューマン・インタレスト雑誌のコンセプトをストレートに表現したつもりなのである。いくらセンスがある格調高い表紙でも、店頭で読者が手にしてくれないと意味がない、そう考えた結果だった。その狙いはある程度成功したものの、書店の中にはエロ系雑誌のコーナーに置くところもあり、これには苦笑せざるを得なかった。

しかし、創刊1年目にして採算ラインは何とか突破できたので、2年目からは大御所の杉浦康平さんにカストリ雑誌のイメージを残しつつも、格調高いデザインという方向性で表紙デザインを依頼した。この時のデザイン担当は鈴木一誌さんだったが、杉浦さんに表紙デザインに連動する形でアドバイスされた「一行情報」が、その後、『噂の眞相』の目玉企画となったのである。この辺のいきさつに関しては、『疾風迅雷——杉浦康平雑誌デザイン半世紀』（トランスアート）に詳しいし、『噂の眞相』の表紙デザインが杉浦康平イズムによる、まさに実験的なアートの結晶だったことが理解できるはずだ。

それはともかく、無事に「幻の12月休刊号」をつくりあげた後は書店に直接持ち込んで販売してもらうことに全力を集中した。全国津々浦々という訳にはいかなかったが、スタッフが手分けして都内から関東近県を中心に配本した。それまで『マスコミひょうろん』はすべて取次会社まかせだったが、書店に直接持ち込む方式はすでに『本の雑誌』などの一部ミニコミ誌がやっていた方式だったので、さほど苦にはならなかった。すでに店頭に並んでいた『マスコミ評論』12月号は形だけは真似ていたものの、やはり経済誌出身のブラック・ジャーナリストたちがつくった雑誌であることは特集のラインナップじたいに見え隠れしていた。こうした一連の追放劇も、すでにメディアを通じて報道されていたので多くの読者の知るところとなり、筆者がつくってきた『マスコミひょうろん』の編集方針を支持してくれる熱心な読者が多かったこともあって、関西などの地方の書店からも「ぜひ売りたいので○○冊送って欲しい」という注文も舞い込んだ。筆者が業界情報収集や打ち合わせの拠点として通っていた新宿ゴールデン街のいきつけの何軒かの店のカウンターでも、50冊から100冊単位で売ってもらった。通常、取次会社を通せば約35パーセントのマージンを取られるが、こうした直接販売の場合は10パーセントからせいぜい多くても20パーセントですむ。しかも、この直接販売の号は通常定価300円だったものを特別定価500円で販売したため、その収益が『噂の眞相』創刊資金の一部となったのである。

▼創刊のための資金は3000万円をベースにしてスタートした。

当時、『噂の眞相』を創刊するためには最低でも3000万円の資金は準備しなければならなかった。公募株主の資金800万円だけでは当然足りない。やむなく親に頼んだり、弟や付き合っていた女友達、大学時代の友人たちからもかき集めざるを得なかった。銀行や国民金融公庫なんてところは、実績がなければ1円も貸さない。まして、『噂の眞相』は会社じたいができたばかりだから、金融機関には行くだけ無駄なのだ。こうした資金調達とともに、取次会社との取引のための口座開設、印刷会社を探しての条件交渉、『噂の眞相』の連載や特集企画の進行、そのための情報収集やライターとの打ち合わせ、そして広告スポンサーや広告代理店回りなど、一人何役もこなす大忙しの状態となった。取引先関係との交渉を進めるためには会社組織にすることが前提条件だったため、資本金１０００万円で「株式会社噂の真相」を設立したのが78年末の12月19日だった。それから創刊号を校了して無事に印刷に回すことになった2月末まで年末・年始の休みを除く約60日間は、文字通り戦争状態のような雑誌づくりの日々だった。

資金調達のメドがついた後は主要取引先との交渉である。まずは何よりも東販（現在のトーハン）、日販といった大手取次会社との交渉だ。北は北海道から南は沖縄まで全国の書店にくまなく配本してくれるシステムをもつ取次会社との取引は必要不可欠である。創刊準備号は取次の口座開設が間に合わなかったのでやむなく直販体制をとったが、毎号配本バイト部隊をつかって書店に運ぶという『本の雑誌』方式は最初から選択肢になかった。取次会社が中小出版社に対して時に横暴とも思われる殿様的商行為を行っているとの批判はあったものの、やはり創刊したばかりで小資本の雑誌を全国の書店でいっせい販売するにはそれしか方法はないとの判断だった。もともと『マスコミ評論』が創刊号から大手取次会社との取引をスムーズに開始できたのは、筆者がマスコミ業界誌の時代に日販の広報課の名物女性課長だった宗武朝子さんと取材を通じての人脈があったためである。「『マスコミ評論』という雑誌を創刊することにしたので雑誌仕入れの担当者を紹介して欲しい」と宗武さんに頼み込んだら快く紹介してもらえたため、後はとんとん拍子で話がついたといういきさつがあった。『噂の眞相』創刊に際しても、そうした人脈に加えて、『マスコミ評論』時代の販売実績があったので、取次会社との取引交渉はさほど苦労することなく正式契約までこぎつけることができた。

次は印刷会社の決定である。『噂の眞相』は『マスコミ評論』時代の教訓を生かして、メディア批判だけではなく政・官・財、メディアや有名人から芸能・風俗までより幅広く取り上げる方針としたため部数も5万部からスタートすることにした。そのため印刷会社も最初から大手を探さざるを得なかった。これもかねてより知り合いだった中堅広告代理店の幹部だったSさんの紹介があって凸版印刷の出版事業本部長Hさんとの交渉も思いのほかスムーズにいった。もっとも、こちらは創刊2年目に起こった皇室ポルノ事件の思わぬトバッチリによって、後にSさんとHさんには大変な迷惑をかけることになったのだが、とりあえず、創刊の準備としては順調に事が運んだのである。筆者もこの一連のトラブルの渦中に31歳になり、こうした多くの人脈にことごとく助けられた上での創刊だった。これはどんな世界にもいえるだろうが、ことにこのメディア業界においては人脈というのが何かとものをいい、切り札になり得るということは知っておいて損はない。

そして、この超多忙な合間を縫ってサンマーク出版の植木宣隆氏から依頼されていた書き下ろしの単行本『雑誌を斬る』の原稿を400字で350枚くらい書いて渡し、『噂の眞相』の創刊号に合わせて発売するという強行スケジュールも加わった。この植木氏も公募株主の一人になってくれたので、意気に感じて急ピッチで書き上げたのだが、結果的に、こちらにも本の印税が入り、少しでも創刊のための資金になればとの思いがあったことも確かだ。ちなみに植木氏はこの出版社に入社したばかりの新人編集者だったが、その後数々のベストセラーを手がけ、業界のヒットメーカーとして現在は同社の代表取締役に就任している。植木氏の若き時代を知る身とすれば、あの頃から時代が確実に流れたことをつくづく実感させられる。

▼運命的だった新宿ゴールデン街という街との出会いの歴史。

新宿ゴールデン街といっても全国的にはどのくらいの知名度があるのだろうか。『噂の眞相』創刊以前からこの街に日常的に出入りしている筆者にすれば、客観的な判断がどうも難しい。今でも出入りしている店の数は少なくみても30軒くらいはある。この出入りしている店の数じたいは筆者にとって80年代からさほど変わっていない。閉店になったり、行かなくなった店もある一方、新しくオープンした店もあり、全体としてほぼ同数くらいの店に今でも通い続けている。

と書けば、この街を知らない人でも、飲み屋が集中している街というイメージくらいは湧くのではないか。まさにその通りなのである。場所は新宿区役所と花園神社の間にある、２００軒くらいの小さい店がびっしり集まった映画のセットのような一角である。目測でいえば80メートル×１５０メートルくらいの敷地に４本くらいの通りがあり、その両側に大体３坪から４坪程度の店がびっしり軒を連ねている。店の造作も開店資金も安くできることから飲食代も安い。普通のバーからゲイバーやキャッチと呼ばれる怪しい店まで混在している。いずれの店も個性的なママやマスターが仕切っており、客層も独特のものがある街だ。芝居、音楽、テレビ、映画、出版、新聞、週刊誌、広告、カメラマン、イラストレーター、デザイナーといった職種のいわゆる業界人の客が多い。この街がなければ『噂の眞相』は誕生しなかったと筆者が常々語ってきたのは、この客層に最大の理由があるのだ。『噂の眞相』を編集する上で欠かせない、情報収集や人脈づくりにおいては実に効率のいい貴重な街だった。

筆者がこの街に最初に足を踏み入れたのは69年の夏だった。街の風景も店やママのこともよく憶えている。今はなくなった店なので、どの通りにあったかははっきり思い出せないが、「ムササビ」という全共闘の学生活動家たちも出入りする２階にあった小さい店で、お世辞にも綺麗とはいえなかった。テーブルの足がわりにビールケースの上に分厚い電話帳が積んであった。酒のつまみに鯖《さば》を頼んだら、缶詰の缶を開けただけの鯖がそのままで出てきたことに驚いた記憶がある。なぜ、バリケードを抜け出した活動家たちが飲みに来ていたかというと、この店のママでカメラマンでもあった「おみっちゃん」が、日大全共闘の議長だった秋田明大《あけひろ》氏の恋人だったからである。この当時、全国の大学に波及した学園闘争の双璧だったのが、日大と東大だった。東大のシンボルだった安田講堂を占拠し籠城《ろうじょう》していた学生たちに対して、大学当局が機動隊の導入を要請したのが69年1月だった。この時の熾烈《しれつ》な攻防戦の模様は記録フイルムや「僕たちの失敗」や「いちご白書をもう一度」などのカラオケの映像でも見かけるので、世代が違う若い人たちも一度くらいは見たことがあるシーンのはずである。

日大は大学当局と右翼学生が結託する形で全共闘に対峙《たいじ》していたので、それよりも一足早く機動隊導入に踏み切っていた。キャンパスを追放され、拠点を失った活動家たちは、まだバリケードストライキを決行中で、全共闘や新左翼活動家の全国的な拠点だった法政大学の大学院の一室に間借りしていた。その日大全共闘のメンバーが仮住まいしていた隣の部屋に筆者が組織化した「社会学部ゼミ闘争委員会」が陣取っていた。そこで知り合った活動家に連れられて「ムササビ」に出入りするようになったのである。これが筆者と新宿ゴールデン街の最初の出会いだった。21歳の時である。

その後、学生運動に挫折した筆者は、大学に籍は置きつつもキャンパスに足を運ぶこともなくなり、「土方」の肉体労働にのめり込んでいった。当然のように、この街にもまったく足が向かなくなった。親のすねかじりという甘ったれた学生たちが観念的な革命論を振り回しても、生活のかかった労働者たちとの間には深い溝があり、それを自分なりに見極めるために日雇いの肉体労働者の世界に身を置いてみようと思ったのである。仕事が終わるとこうした肉体労働者の仲間たちと、ひたすら安酒をあおるという日々が続いた。どうせ毎日タダ酒が飲めるならばいいやというノリでスナックの素人バーテンのバイトをやりながら、「土方」と掛け持ちしたこともあった。その店のママに気にいられていつしかそのスナックの仕切りをまかされるようにもなった。そこでシェーカーを振ったり、フライパンを使って簡単な料理をつくったりしながら、女子大生や役者の卵などのバイト5人の付回しもやっていたから、昼間は「土方」で夜は〝女衒《ぜげん》〟をやっていたことになる。7、8坪の店内のすみに置かれたジュークボックスからは、森昌子の「せんせい」、小柳ルミ子の「わたしの城下町」、ちあきなおみの「喝采」などが、今でも耳にこびりつくほど、よく流れていたことを思い出す。学生運動の挫折は昼間の「土方」に身を置くことでセンチメンタルな感情にひたり、夜のスナックバイトでは華やかで楽しい世界へと一時的に挫折の苦悩から逃げ込んでいたのかもしれない。

そんな生活を2年間ほどやった。筆者にとってはまさに人生の彷徨《ほうこう》期であり、モラトリアムの時期だった。が、70年安保闘争で高揚期を迎えた新左翼運動も敗北の総括を巡ってどんどん袋小路に入り込み、革マルと中核派の内ゲバや、武装路線の連合赤軍が市民社会から完全に遊離していくさまを見るにつけ、いつしか運動に対する展望も幻想も消えていった。

2年後ようやく、大学に籍を置いて人生のモラトリアムを続けていても仕方がないと判断して、自分なりに国家論を深化させるためということを名目にして学士入学していた法学部政治学科を卒業することに決め、ものを書くなりしてメディアの世界で自己表現を続けていくことで自立していくしかないと最終的な決断を下した。24歳の時である。とにかく仕事を覚えなくては話にならないと、新聞広告で見たマスコミ業界誌に飛び込み、約2年半、取材、執筆、編集の仕事を具体的に経験した。その業界誌時代に自分で雑誌メディアを立ち上げようという決意を固めたのが26歳の時だった。

▼『噂の眞相』の成功は業界人が通うゴールデン街の人脈と情報だった。

学生時代にこの街に出入りして以来、5年ぶりくらいに新宿ゴールデン街に出入りするようになったのは、『マスコミ評論』を創刊した直後だった。『マスコミ評論』でインタビューしたある総合雑誌編集長に「花の木」という店に連れていかれたことが、再びこの街に通い始めるきっかけとなった。学生時代に知った「ムササビ」のママ・おみっちゃんは、すぐ近くで「黄金時代」という店を新しく始めていた。もちろん、その頃、おみっちゃんが筆者のことを覚えているはずはなかったが、隣の席で、役者の石橋蓮司がソフト帽をかぶり一人物静かにかっこよく飲んでいた姿を鮮明に覚えている。その後、おみっちゃんは店を閉めて突然ブラジルのマナウスに渡り、日本料理店とバーの経営を始めた。その辺の事情は、おみっちゃん自身が後になって『新宿発アマゾン行き』という本で書いている。その後帰国したおみっちゃんには『噂の眞相』で取材したことがあったし、逆に「新宿で飲む人々」みたいな形で筆者の方がカメラマン・おみっちゃんの被写体にさせられ、その個展を見に行ったこともあった。

とにかく、この街は雑誌をつくるという意味では宝の山みたいなものだった。いずれの店も狭くてこぢんまりとしており、7、8人も入れば満席となる。その分、隣同士で初対面の人とも気軽に会話を交わす機会も多いのだ。例えば、売れっこ作家だった野坂昭如氏や田中小実昌氏（故人）に連載コラムを依頼するという機会をつくってくれたのも、直木賞を取った佐木隆三氏の前妻にして物書きでもあった「花の木」のママ・広田和子氏に「佐木氏へのラブレター」

を書いてもらったのもこの街のおかげだ。作家や、ノンフィクションライターの丸山邦男さん（故人・丸山真男の実弟）をはじめ井家上《いけがみ》隆幸、茶本繁正、桑原稲敏（故人）、松田政男、清水哲男、岡庭昇といったうるさ型の評論家や週刊誌記者との数限りない出会いがあり、それが雑誌づくりの糧となった。まだ若かった政治家の菅直人氏や俳優の佐藤慶さんから映画監督は故人も含めて、深作欣二、黒木和雄、東《ひがし》陽一、熊井啓、神代辰巳、若松孝二、高橋伴明など数知れず。通った店も今はなくなった店も含めて、「まえだ」、「花の木」、「銀河系」、「ナベさん」、「あんよ」、「飛翔」、「深夜＋《プラス》1」、「唯尼庵」、「ルル」、「ゴールデンダスト」、「こう路」……、数限りない。

そして、長い歴史を持つこの街もいろいろあった。身寄りのない「銭」という店のママが倒れて入院したために、そこの常連客で芸能評論家だった桑原稲敏氏に頼まれて、「マガジンハウス」と改名して陰のオーナーとして3年ほど店を経営したこともあった。ライターや編集者、コピーライター、ポルノ女優といった本業を持っている女性たちに日替わりで一日ママをやってもらったのである。この街の古いキャッチバーのママたちからは、今でも、そのときの名残りでこの街を歩いていると、「マスター」と呼びかけられたりする。

その後のバブル期には猛烈な地上げ攻勢にさらされて、この街も櫛の歯が抜けるように売却された店が閉店していった。その反面、「ゴールデン街を守る会」ができて、地上げ屋に対抗するために店同士が結束して闘う場面もあった。この街は、もし火事になって延焼すれば、一挙に焼け野原になりかねない。もともと、戦争直後に新宿駅前にあった闇市「和田マーケット」が、行政による都市計画によって立ち退きとなった際に強制的に一ヵ所にまとめられた店の街である。いわば、黙認された違法建築のバラックづくりがところ狭しと並んでいる一角だけに、火事で延焼すれば、一夜にして地上げの地ならしができるのである。犯人が地上げ屋の回し者とは断定されなかったが、放火と思われる不審火は幾度となく発生した。

90年代後半には社会資本である下水や水道施設も老朽化し、華やかな歌舞伎町の繁華街からも見捨てられた街でもあった。何しろ、最近ではチャイニーズ・マフィアもまじえて抗争が絶えない歌舞伎町をシノギの場とするヤクザすらも、滅多に出入りしない街なのだ。雑誌が生き物にたとえられるとすれば、街もまた生き物なのである。90年代後半には火が消えたような街だったが、2000年に入りこの街は再び活気を帯び始めてきた。地上げにより閉店となり長く放置されて朽ち果てていた店が、若い店主たちによって次々と改装され再オープンしたためだ。これは借家法の改正によって、地主や大家の権限が店子《たなこ》よりはるかに強くなったため、この街がいざ地上げで立ち退きという方向で動き始めたとき、いつでも店子を追い出せるという賃貸条件の変更が背景にあった。かつて札束や嫌がらせによる地上げ攻勢があっても店子たちが頑として立ち退かなかった教訓から、行政や地主が有利になる法律が出来たため、安心して賃貸に出し始めたのである。街が活気づくのはいいとしても、最近の強い者がより報われる社会への途はこうしたところでも着々と進行しているのである。こうした背景を抱えているこの街だが、老舗《しにせ》の店も相変わらず健在し、新しい店のオープンによって街の雰囲気も客層も大きく様変わりした。筆者自身も老舗から新規にオープンしたニューウェーブ系の店まで顔を出しており、この街はまだまだ生き延びていくだろうと思わせる活気が甦ってきている。

休刊に踏み切る前までは、筆者は雑誌の締め切り時ともなれば、深夜12時過ぎまで仕事をすることが多かった。そんな時、仕事を終えてから一人でこの街の店を2、3軒ハシゴするだけで「一行情報」を提供してくれる業界人に必ず遭遇できた。いちいち待ち合わせをしなくても、どこかの店に顔見知りの客が必ずいるわけだから『噂の眞相』的には大助かりだった。週刊誌記者、新聞社の検察や警視庁記者クラブ担当の記者は夜回りを終えてから一杯飲もうということになるため、時間帯も夜中の12時をまわる。そのため筆者が締め切り時に飲み始める時間ともピッタリ合うこともあって、実にありがたい街だった。もちろん仕事ではなく、単にプライベートで飲みに来ている客もいるだろう。しかし、ライバル週刊誌やライバル新聞社の記者同士が肩を並べて飲んでいるシーンを目撃することも多いので、同業者同士の情報交換や交流の場となっていることも事実なのだ。

ともあれ『マスコミ評論』から『噂の眞相』へと、約30年間、筆者にとってはかけがえのない街だった。一軒あたりの飲み代は安いが、この街に一歩足を踏み込めば4、5軒はハシゴをする。概算でいえば少なくともこの街に1億円以上はつぎ込んだ計算になるが、銀座や六本木のクラブに通うことに比べればはるかに割安であり、仕事だけではなく筆者自身の人生にとって優に1冊の本が書けるくらい、いろんな人の人生を見ることができたし、さまざまな経験もできた〝場〟だった。小資本で始めた『噂の眞相』が大手出版社が発行する雑誌と互角の勝負をし、『文藝春秋』に次ぐ部数を確保できた大きな理由のひとつといえるかもしれない。

▼無事に創刊にこぎつけた『マスコミひょうろん』移籍スタッフの群像。

話を時系列に戻そう。たとえ帝国ホテルで開かれるパーティであろうが銀座の高級クラブであろうが、ノーネクタイ、スニーカー、サングラス姿がいつしか定番となった筆者だが、この創刊時期だけは、冠婚葬祭以外は身に着けなかったスーツとネクタイ姿で広告関係や書店回りの営業・販売にも歩いた。新宿ゴールデン街でときたま顔を合わせるフリーライターの伊藤博一氏には今でもそのことをよくからかわれるが、この創刊前後は失敗だけは許されないと必死だったのである。もっとも、『マスコミ評論』の新島の下で営業部長として働いていたY氏が『噂の眞相』創刊に協力してくれたこともあって、広告関係の営業に関しては大いに助けられたのも事実である。Y氏は人のいい真面目タイプの人間で企業関係者にもその誠実な人柄が好感を持たれていた。この営業の仕事に関してもマスコミ評論社に入社してまだ1年くらいしか経験していなかったこともあって、経済誌の広告営業マンにありがちなコワモテのイメージや卑しい匂いみたいなものは微塵《みじん》もなかった。なによりも自分をスカウトしてくれた新島のあまりにひどいやり口に対して人間として見切りをつけたくらいだから、彼自身の正義感や性格の一端が分かるだろう。もちろん、そういう人物でなければ、筆者も協力は求めなかっただろう。何よりも、新島が指向したブラック路線や経済誌のような営業手法は筆者がもっとも忌み嫌っていた訳だから当然といえば当然だった。

出版社関係の広告の方はもともと『マスコミ評論』創刊時から筆者自身の人脈で開拓した分野だったので、『噂の眞相』への移行はスムーズだったものの、一般企業の広告は基本的にY氏まかせだった。Y氏はマイペースで顔見知りの担当者のいる企業を回り、表2、表3、表4といった広告を集めて、雑誌としては必要最低限の体裁をつくってくれた。すでに『マスコミひょうろん』時代につくった人脈があったので、それもプラスに作用した。
しかし、このY氏の『噂の眞相』に対する営業部長としての協力はわずか1年ちょっとで結果的に無に帰すこととなる。小資本でぎりぎりの経費だけでスタートした雑誌だけに、広告収入はそれなりに経営的にも貢献していたが、創刊2年目に『噂の眞相』を襲った、いわゆる「皇室ポルノ事件」により右翼団体から総攻撃を受け、すべての企業広告が『噂の眞相』から全面撤退してしまったためである。

詳細は後半に書くが、企業の広告担当者から次々と「今後は一切付き合いません」という連絡が入る。この一件は、結果的に企業広告を取ってきた営業部長のY氏の面目を不本意ながら丸潰しにする形になった。企業の広告担当者と真面目に付き合っていたY氏からすれば、これまでやってきた仕事を台無しにされたに等しい。その後、筆者が右翼団体に謝罪文を出してこの事件は一件落着となったものの、企業の論理の壁に阻まれて広告の復活には至らなかった。唯一の例外は、広告出稿の責任者がもともと『噂の眞相』の熱心な読者だったサントリー1社だけだった。しかし、サントリーにしても企業の論理という壁はあったはずである。それでもサントリーが事件から2、3年後に広告を復活してくれたのは、同社が右翼や総会屋にターゲットにされかねない株主総会を開く必要のない非上場の会社という例外のためだった。他の企業はそう簡単にはいかなかったし、こちらもその壁の厚さを痛感してもはや広告復活の努力すらやらなかった。

ともかく、この事件によって『噂の眞相』は広告を一切あてにしない雑誌へと否が応でも転換せざるを得なくなった。気の毒だったのは、『噂の眞相』における営業部長としての身の置き場を失った形となったY氏である。ほどなくして、彼は「釣り船を買って商売でもやろうと思っている」と言い残して会社を去っていった。Y氏は資産家の息子でもあり、最初から『噂の眞相』での報酬をさほどあてにしている感じもなく、仕事じたいを面白がっている風だった。逆に筆者の方がY氏に資金繰りを頼んだりしたこともあり、『噂の眞相』創刊前後のもっとも貢献してくれたスタッフの一人だったことを、この25年史を書くにあたり、あらためて思い出した。

もう一人、『マスコミひょうろん』時代から筆者を編集面でサポートしてくれていたK君はもともと作家志望だったこともあり、この事件を機にフリーとなり、雑誌に小説やエッセイを書き始めた。その頃は新宿ゴールデン街でたまに顔を合わせていたが、最近は全然見かけない。その頃から両親に実家に戻って家業を継ぐようにいわれていると語っていたので、ひょっとしたら、作家の道を諦めて実家のスーパー経営の跡継ぎになったのかもしれない。そして経理担当のS嬢は一人娘でお嬢さんタイプの女性だったが、この事件とは直接関係はなかったものの、まもなく寿退社で去っていった。放送局に勤めていたこのS嬢の父親が亡くなった際、川崎の実家に弔問に行った時に会ったきりだが、その後幸せにやっているだろうか。

創刊以来、一切、後を振り返ることなくひたすら走り続けた人生だったが、この本を書くために、今こうして過去を思い返してみると何とも感慨深いものがある。そしてすっかり忘れていたはずの記憶があれこれと脳裏をよぎる。特にこの三人に関しては『マスコミひょうろん』から『噂の眞相』に一緒に移って苦労してきた面々であり、ようやく創刊にこぎつけて雑誌としては順調なすべり出しを始めたというのに、創刊2年目にして皇室ポルノ事件により早々に休刊の危機に陥ったのだから、普通の神経だったら、もうついていけないとなったのは当然だったのかもしれない。この第一期『噂の眞相』スタッフには申し訳ない気持ちだが、今にして思えばこれもスキャンダル雑誌としては避けて通れない試練だったということだろう。少なくとも皇室ポルノ事件は筆者自身がまいたタネであり、公募株主をはじめとした出資者に対する責任からも、ひたすら「ネバー、ギブアップ！」で突っ走るしかなかった。

そして筆者と決裂した新島は、最初のうちこそ『マスコミひょうろん』のレイアウトをなるべく引き継ぐ形で内容も一見似たような雑誌づくりにつとめていた。それは筆者が新島のブラック・ジャーナリズム指向を強く批判し、他のメディアからの取材に対してもその旨を主張しキャンペーンをはったため、それが何とか歯止めとなっていたのだろう。しかし、それも結局は時間の問題で、誌面は少しずつ怪しげな経済誌への指向を見せ始め、3年目くらいになると誰が見てもズブズブのブラック雑誌になっていた。

もはや誌面を見ても、まともな筆者は誰一人いなくなっていたが、それは同誌がホンモノのブラック・ジャーナリストたちの手に全面的に下請け編集としてゆだねられたことを暗示していた。そして、まさにブラック連中の巣窟と化した同誌を象徴する大事件が起こる。それは筆者が決裂以前から新島に強く忠告してきた通りの最悪の結果――企業恐喝によって新島が逮捕されたのである。『マスコミひょうろん』事件からちょうど5年後の83年9月20日のことだった。消費者金融のレイクから300万円を恐喝したとして逮捕された新島には実刑判決が下され、静岡刑務所に服役すると同時に雑誌も廃刊となった。筆者が最初から強く反対したにもかかわらず、新島はその忠告を聞かずに突っ走って自滅したのである。〈だから言っただろう〉という気持ちと同時に、一緒に雑誌をやろうと語り合った時代のまだ穢《けが》れていなかった新島をよく知る筆者としては、決裂当時の新島に対する怒りよりも、もともとお坊ちゃんタイプだった彼を悪の道に引きずり込んだブラック連中の方に怒りを覚えてしまう。「さよならだけが人生」と詠《うた》ったのは寺山修司ならぬ井伏鱒二だが、新島とは決裂直後に2、3回残務処理の話し合いで会ったきり、その後はまったく会っていない。もはや、こちらには新島に対する何の恨みも怒りも残っていないが、むしろ彼の方が顔向けできないのかもしれない。そんな気がする。

25年というのは、アッという間だったような気もするが、こうして軌跡を振り返ってみると、とてつもなく長い歳月だったことを痛感させられる。なかでも、この皇室ポルノ事件は筆者にとっては忘れがたい事件となっている。

▼創刊2年目に襲った右翼による「皇室ポルノ事件」の危機とその真相。

この皇室ポルノ事件についてもう少し詳しく触れておきたい。公募株主方式のおかげで無事に創刊できた『噂の眞相』だが、いくつかの大手広告主がついてくれたこともあって、経営的には1年目にしてなんとか採算ベースラインに乗せることができた。まずは順調なスタートだったが、しかし早くも創刊2年目にして『噂の眞相』を襲った危機が「皇室ポルノ事件」だったのだ。

これは80年6月号特集記事「天皇Xデイに復刻が取沙汰される皇室ポルノの歴史的評価」という記事が発端だった。この記事は70年代にアングラで出回っていた皇室ポルノ小説を素材に作家の板坂剛氏が執筆したものだが、記事中にカットとして掲載した美智子妃殿下（当時）と昭和天皇のふたりによるコラージュ写真が右翼団体の逆鱗《げきりん》に触れ、総攻撃を受けた事件である。しかも「株式会社噂の真相」という弱小出版社じたいはいっさい攻撃せず、印刷をやっていた凸版印刷や広告を出していた大手企業にターゲットを向けたのだ。いわば、不敬雑誌に対して外堀を埋めていく兵糧攻め作戦というやり口だった。実際、この作戦は絶大な力を発揮して、『噂の眞相』を廃刊寸前にまで追い込んだ。

第1弾攻撃は、当時『噂の眞相』の印刷を一手に引き受けていた凸版印刷にマイクロバスの街宣車2台とおよそ20名もの右翼団体員が押しかけ、「不敬雑誌を印刷するとは何事だ！ 3日以内に即刻印刷中止を回答せよ」という抗議行動だった。しかも右翼団体員は凸版印刷のガードマンに殴りかかり、また対応した凸版役員に湯飲み茶碗を投げつけるなどの威嚇《いかく》行為もあったという。不可解なのはこの右翼団体の抗議に警視庁公安部の右翼担当刑事が同行しており、それらの犯罪行為を見て見ぬふりをしていたことだ。

このため凸版印刷はこの事態を公の事件にすることなく、緊急会議を開いた上で、『噂の眞相』の印刷中止を即刻決定し、そのことを筆者に通告してきた。しかも通告にやってきた担当者は筆者に対し「事情は言えない」とあくまでもシラを切り通して理由はいわなかったのである。言論・表現にかかわる大量の印刷物を扱う日本を代表する印刷会社がこれなのだから、他の大手一般企業が右翼からの抗議にいかに弱いかは推して知るべしだった。

案の定、右翼団体は次に広告代理店や『噂の眞相』に広告を出していた企業に対し、それこそ片っ端から「不敬雑誌への広告出稿をやめろ！」との第2弾抗議行動を開始したのだ。このためほとんどの広告主は『噂の眞相』への出稿を即取りやめる事態となった。イの一番に通告してきたのはデパートの伊勢丹だった。「もう二度と広告は出しません。おたくのおかげで大迷惑です」と怒りの電話が入った。その後も「今後は一切付き合いません」という企業の広告担当者からの連絡が続々と入った。

さらに当時、一水会の鈴木邦男らの新右翼系は大手取次会社や『噂の眞相』に広告を出していた大手出版社に対しても抗議行動を行った。さすがに取次会社は出版物の流通という業務が言論・表現の根幹を担っているという社会的立場を自覚していたためか、これには一切応じなかった。自ら言論を発する立場の大手出版社も同様に右翼の抗議に屈することはなかった。この二つは『噂の眞相』にとっては唯一の救いだった。そして右翼団体の抗議は『噂の眞相』の取引銀行の第一勧銀新宿支店（当時）にまで及んだのだ。そのため連日の街宣や面会強要にうんざりした第一勧銀側は右翼団体に対し、「今後『噂の眞相』との取引を控える」という約束をすると同時に、押しかけた各団体に多額の運動資金を提供したといわれている。もうひとつの取引銀行だった八千代信金新宿支店（当時）にいたっては、当座の取引口座じたいを閉鎖して欲しいといってスッとんできた。

また右翼団体のなかには「この者、新宿界隈《かいわい》で見たら通報せよ」という筆者の写真入りの手配書を配ったり、「見つけ次第殺せ」といった物騒な指令が出たという情報が筆者のもとにも舞い込んできた。

こうして『噂の眞相』の外堀は完全に埋められてしまったのである。雑誌刊行に必要不可欠な印刷会社と広告の二つを押さえられたのだから、まさに廃刊――倒産の絶体絶命の危機だった。しかし、こんな右翼の言論弾圧に屈するわけにはいかなかった。そのためには一号たりとも休刊することなく何事もなかったかのように刊行を継続しなければならないと判断した筆者は、『噂の眞相』を印刷してくれる会社を探し求めて、雨の中を駆けずり回った。

凸版印刷がダメならと最初に駆け込んだ大手印刷会社の大日本印刷に、「おたくのような不敬な記事を書いて右翼に殴りこまれるような雑誌の印刷をやるわけにはいかない」とケンもホロロに断られたときには、愕然《がくぜん》とさせられた。しかも他の中堅どころの印刷会社でもほぼ同様のことをいわれたのだから、ショックは大きかった。その数は電話だけで断られたところを含めれば20社近かった。雨というのは、学生運動時代のデモの時もそうだったが、より悲愴感を強める舞台装置になる。間違いなく、絶望と孤独感の中で必死に喘《あえ》ぐという絵図だった。

次々と広告を断ってきた大手企業の所業と相俟《あいま》って、日本という社会の非情さに対しても怒りがこみあげてきた。過激なテロ行為に走った「東アジア反日武装戦線」ではないが、一歩間違うと企業テロでもやりかねないくらいの心境だった。こうした絶体絶命の追い込まれた状況だっただけに、ようやくツテをたどって印刷を承諾してくれる印刷所をみつけたときには、ほんとに涙が出る思いだった。いや、ほんとに涙ぐんでしまった。今、思い返しても、この印刷所回りの体験は、日本という国の強大な体制の壁という正体を垣間見た思いだった。そのことは、いくらノー天気を自称している筆者とはいえ、記憶の底に深く刻みこまれ、無意識のうちにその後の雑誌づくりのモチベーションになったのかもしれない。

ともあれこの異常事態を収拾するためには、筆者自身が「声はすれども姿は見えず」の右翼団体に乗り込んで交渉することがまず先決だと判断した。

そのため右翼団体にコネクションのあったフリーライターT氏の仲介で、今回の抗議行動の端緒をつくった浜松町にあった右翼団体「防共挺身隊」本部に筆者が直接出向き、福田進代表に対して今回の件で遺憾の意を表明した上で謝罪文を提出し、それを10月号誌面に掲載することとで話をつけた。この謝罪文は「天皇陛下様、皇太子妃殿下様、日本国民殿」に向け「臣　岡留安則」がお詫びをするという内容である。そのため一部の左翼系文化人からは「敗北」「やりすぎだ」との批判もあった。

しかし右翼団体に不敬とされたコラージュ写真じたいは、天皇制批判のやり方としては邪道でしかないことは率直に認めざるを得なかった。だとすれば、まず何よりも雑誌刊行を継続させるべきとの判断から、とにかく事態を収拾させるということを最優先させたのである。まさに一歩後退二歩前進の戦略である。そのためには筆者の板坂剛はいっさい表に出さないことにした。板坂の文章じたいが問題になった訳ではまったくないという事情もあったが、この心情的アナーキストを同行すればまとまる話もまとまらないと判断したためである。事件の収拾を巡っては、いろいろ批判する向きもあったが、天皇制とジャーナリズムに関しては一家言持っていた評論家の丸山邦男さんに「まあまあの出来」と言ってもらったことや、一部では「傑作のパロディ」と評価されたことで、筆者としてはそれで十分に満足だった。

このお詫びにより事件は解決に向かったが、広告がなくなった分の穴埋めをどうするかという緊急の課題が残された。が、それも誌面をさらに充実させ、定価を値上げすることでどうにか乗り切るしか術《すべ》はなかった。少なくともこの事件によって、広告にはいっさい頼らずに部数を伸ばすしかないという状況に追い込まれたことが、その後の『噂の眞相』にとってはプラスに働くことになる。広告収入に頼らないことで広告タブーもなくなり、本当のタブーなき雑誌として『噂の眞相』が読者の幅広い支持を得られるきっかけをつくってくれたのである。何事もポジティブに考える筆者の発想からいえば、右翼団体に感謝すべきかもしれない。結果的に、まさしく一歩後退二歩前進、一点突破全面展開の戦略につながっていったからである。

もちろん『噂の眞相』の誌面においても、「皇室ポルノ事件」で挫折することなく、天皇タブーへのチャレンジはその後も変節することなく休刊するまで続いていく。そしてこの事件から20年後に、編集部が流血の惨事に見舞われた右翼団体・日本青年社襲撃事件に至るのである。その事実こそが、『噂の眞相』が変節と無縁であった証明ともいえるはずだ。

ともあれ、『マスコミひょうろん』事件というトラブル劇の中から生みの苦しみを経て創刊された『噂の眞相』だったが、創刊2年目にして皇室ポルノ事件の洗礼を受けたことによって、あらためて仕切り直しを強いられることになった。創刊時のスタッフも筆者以外は入れ代わりとなり、文字通り新たなスタッフとともに第二の創刊に向けての再スタートとなったのである。

第二章　タブーに向けての躍進篇

創刊号表紙は人目を引く
大胆さで。

▼「皇室ポルノ事件」の残務処理として残された最後の謝罪の儀式。

謝罪文で一件落着とはなったものの、皇室ポルノ事件はまだすべてが終わった訳ではなかった。この事件で抗議行動に動いた在京の主要右翼団体に謝罪して歩くという儀式が待っていたのだ。謝罪に同行してくれることになったのは、この事件で先陣を切って凸版印刷に押しかけた防共挺身隊幹部のIさんだった。このIさんは在日韓国人で、片方の手の指は第二関節から3本が欠損していた。おそらく若い頃は相当のヤンチャをやった人なのだろうと推察できた。でも、在日の人がなぜ日の丸、天皇万歳なのか不思議だった。筆者を同行して右翼団体を謝罪回りに行く時、購入したばかりの中古の大型外車を隊員に運転させながら、「この車は君んところのおかげで買ったんだよ」とニヤリと笑ってみせたことで、すべてが理解できた気がした。Iさんは文京区湯島に事務所を構えていたが、その頃はホテル・オークラの豪華な和室も借り切って定宿にしていた。このIさんはおそらく筆者が防共挺身隊に対して謝罪する前だったら、かなりコワモテの人物で近寄りたくないタイプだったに違いない。だが、しばらく一緒に行動するうちに情が移ったこともあるだろうが、意外にいい人だということが感じられた。おそらく在日として差別されてきただろう人生を送ってきたIさんにとっては、日の丸も天皇も身すぎ世すぎの生き方としての選択だったのではないだろうか。

Iさんの同行で回った右翼団体は「全愛会議」のO議長、日本青年社のE会長、日本国粋隊のY会長、「やまと新聞」と民族革新会議の各代表、といったところだった。「やまと新聞」はこの事件の火付け役で「『噂の眞相』が大不敬記事掲載！」と一面トップに極太活字で第一報として報じた民族派系新聞。日本国粋隊は筆者の顔写真入りの指名手配のビラをつくってばら撒いた団体である。六本木の本部に謝罪に出向いた際、そのビラが事務所の壁にまだ貼り付けてあったのには仰天させられた。

むろん、謝罪文だけでは納得できないという一匹狼風の右翼も何人かいた。その中で申し入れのあった犬塚博英、阿部勉（故人）の両氏とは直接会談する機会を持った。しかし「やまと新聞」のO編集局長からは、「本気で反省したんだったら、明日の朝6時に箒《ほうき》を持って皇居前に来い」と居丈高な要求があったが、その物言いのゴーマンさにこちらがキレて完全黙殺した。また昭和天皇の逝去にあわせて集団自殺を決行するのではないかと囁《ささや》かれていた過激な行動右翼の大東塾も謝罪の訪問先予定に入っていたが、「訪問には及ばず」との回答があった。いささか無気味な気もしたが、その後何事も起こらなかったのでホッとした記憶がある。最終的には、Iさんが用意してくれたリストをもとに、全国の右翼・民族派600団体に謝罪文を発送して、皇室ポルノ事件の終結の儀式がようやく終了した。

▼右翼の大々的抗議行動を真似た似非同和団体の実像をスッ破抜く。

ところが、この事件の余波はさらに続いたのである。『噂の眞相』に広告を出していた企業に抗議に押しかけた右翼団体が多額の運動資金を手にしたという噂を聞きつけて、にわか仕立ての同和団体を立ち上げて漁夫の利を得ようという連中があらわれた。企業を回り、しつこく面会を強要する手口はどう考えても総会屋と一緒。さっそく取材・調査してみると、この団体は「同和思潮社」を名乗り、代表は須田成吾という人物で本業は金融屋。手形割引の商売で失敗して穴をあけ、それを手っ取り早くとりもどすために似非《えせ》同和団体の旗揚げを思いついたのだということが判明した。そして須田成吾も実は偽名で本名は別にもっている逮捕歴のある人物だった。『噂の眞相』はこれを「『同和』を名のるインチキ団体への撲滅・葬送曲」（80年12月号）とタイトルづけして特集記事を掲載。「『噂の眞相』の記事に文句があるんだったら、企業に押しかける前に雑誌に抗議するのが筋。いつでも話し合いに応じるので編集室に来てくれ」と誌面上で呼びかけた。

ほどなくして、この須田は取り巻きを三人連れて編集室のあるビルの1階にある喫茶店にやってきた。ちょうどそのとき、編集室に大阪府池田市の部落解放同盟の書記長だった南健司氏が訪問中だったので、「これから似非同和団体の連中が来るので、隣の席でしらんぷりして見学したらどうか」と提案した。話し合いじたいは筆者一人で対応したが、途中で彼らは激昂して筆者の胸倉をつかんで殴りかからんばかりの勢いもみせたが、そんな恫喝《どうかつ》にこちらとしても屈するわけにはいかない。やがて彼らはこれ以上の話し合いは無駄と判断したのか、あきらめて引き揚げていった。その後で南氏に感想を求めてみたが、似非同和の実態を目《ま》のあたりにしてショックを受けたのか、言葉少なに帰っていった。南氏は、みなみあめんぼうの筆名で作家活動もやっており、解放同盟の中でも数少ない「文化人」の一人として発言力もある人物だけに、こうした似非同和の実態をぜひ見て欲しかったのである。

結局、この団体は筆者との直接会談を機に消えていった。おそらく、特集記事で正体が暴露されたため、企業からも相手にされなくなったのだろう。右翼、企業、警視庁、『噂の眞相』、いずれからも招かれざる客だったことを思い知らされたのかもしれない。その意味では、記事一発で似非同和を粉砕した会心のヒット記事だった。右翼団体に総攻撃を受けるという悲劇の後にやってきた、つかの間の喜劇的シーンともいえた。休刊寸前にまで追い込まれ、もはや失うものは何もないという心境のもとにあった筆者から、思わぬ八つ当たり、とばっちりを受けた気の毒な面々だったといえるのかもしれない。しかし、似非は似非である。部落差別撤廃運動にとっては、こうした利権漁《あさ》りだけが目的の連中は無用の長物にすぎないというよりも、敵対勢力でしかないことは疑いようもないだろう。

▼タブーだった極真会館スキャンダルで大山倍達館長からの呼び出し。

こうした一連の事件の後遺症が続く中、『噂の眞相』としてはひたすらスクープ記事をこつこつとやり続けて部数を伸ばすしか方法はなかった。広告収入は一切当てにならないことがはっきりしたことで、他の選択肢はなかったからだ。

まず、そのスクープ路線のさきがけとなったのが、極真会館スキャンダルだった。タイトルは「四天王・添野師範逮捕で明るみに出た極真会館の大スキャンダル」(81年1月号)というものだった。2回連載で掲載した後、極真の大山倍達《ますたつ》館長の側近の師範クラス4人が編集室に押しかけてきた。土足のまま部屋に上がりこみ、筆者の机を取り囲んで4人は机をドンドンと叩きながら、威圧的な抗議を繰り返した。何せ「ケンカ空手」の達人たちである。彼らが本気で暴れたら、よくて瀕死の重傷、下手すると殺されても仕方がないという緊迫感に満ちた抗議だった。結局、彼らの言い分は、最終的には「本部に来て大山館長の話を聞いてくれ」というものだった。もちろん、こちらも以前から取材を申し入れており、それが拒否されたためやむなく記事にしたといういきさつがあったため、断る理由はない。ライターの池田草兵氏と一緒に出向く旨を伝えると、彼らはようやく引き揚げていった。

後日、池袋西口にあった極真会館の総本部に出向くと、劇画やメディアで伝説化されていた巨体で迫力のある大山倍達氏があらわれた。ソファーに腰を下ろした館長は弟子を呼んで、「芳林堂に行って俺の本を全部買ってこい。全部2冊ずつだ」と命じた。芳林堂というのは池袋西口にある人文系の専門書も置いてある大型書店である。ほどなくして、弟子は大きな紙袋を二つ抱えて戻ってきた。館長はそれらの本に自ら全部サインして、筆者と池田草兵氏に「持って帰って読んでくれ」と渡した。

取材には極真の師範の他、講談社の名物編集者の風呂中斎氏が立ち会っていた。風呂中氏は大山館長の本の担当者で極真の評議委員の肩書きも持つ、いわゆる極真の番記者みたいな存在。実際、大山館長に対する取材を始めると、ときどき代わりに答えたり、解説したりしてくる。番記者というより、極真の広報マンみたいな見事なまでの御用編集者ぶりだった。極真会館といえば、ケンカ空手の怖いイメージもあって各メディアともさわらぬ神にたたりなしを決め込むマスコミ・タブーの存在となっていた。何しろ、『噂の眞相』の記事に対してあの平岡正明までが筋違いの抗議をしてきたのである。平岡は極真会館から黒帯をもらっており、極真シンパの評論家としても有名だった。こうした取り巻きが極真のタブーづくりに手を貸しているのだから、これじゃ、スポーツ紙や格闘技雑誌が御用化せざるを得ないのは当然だったということだろう。

大山館長は、逮捕されて極真を破門にした添野義二元師範の悪口や極真と袂《たもと》を分かった幹部連中の批判をくりひろげ、自らの立場の正当性を力説してみせた。面白かったのは、これまで二人三脚で極真の神話づくりをやってきた『空手バカ一代』の劇画原作者・梶原一騎との確執についても言及してくれたことだ。これはまだどこも活字にしていないスクープだった。池田氏と相談して極真特集の第3弾として記事化することにする。池田氏はまだ新進のライターだった本橋信宏氏を取材班に加えて、つごう3回の大山インタビューもまじえて「極真会館大山倍達と劇画界の首領《ドン》・梶原一騎の義兄弟神話の崩壊」（81年5月号）という記事に仕立てあげる。

二人の確執が表面化したのは、80年5月に蔵前国技館で開かれたアントニオ猪木とウイリー・ウイリアムスの試合にあったようだ。ウイリーがもし猪木に負けるような事態になれば、極真の看板に傷がつくことを恐れた大山館長が、この試合のプロモーターであった元極真の師範だった黒崎健時、梶原一騎、アントニオ猪木、新間寿らに対して「殺害命令を出した」という真偽不明の話が発端。その殺害命令を指示されたというのが、まだ大山館長と師弟関係だった添野義二だったというのだ。これらの話は梶原一騎の秘書が大山館長にあてて送りつけた内容証明にも書かれていた。試合は結果的に引き分けに終わったことで、事なきを得たが、添野による新聞の暴行事件は実際に起きている。もちろん、大山館長側もこの梶原一騎側の言い分に対して内容証明で回答しているが、事実関係はことごとく否定する内容となっている。それはそうだろう。いくらケンカ空手の世界の話であっても、これじゃ、殺人未遂、暴行傷害事件になってしまう。

実際、梶原一騎側の内容証明について反論する大山館長にも微妙な感情があるようで、二人の間には、極真という金のなる木にまつわる利権とメンツの争いが根深く横たわっていることだけはよく分かった。二人の対立は簡単に収拾できるような段階をはるかに超えているというのが、取材を終えた感想だった。やはり、マスコミ・タブーの裏ではあまりにも劇画チックな欲望をむき出しにした男たちの争いが展開されていたのである。蛇足ながら、大山館長が見せてくれた資料の中で興味深かったのが、漫画家のつのだじろうが大山館長にあてて筆で書いた直筆の長い巻紙。梶原一騎に自宅を放火されたと信じ込んだ怨念と怒りに満ちた手紙は、まさにつのだの描くオカルト漫画を彷彿させるおどろおどろしい内容だった。

▼地道なスクープの積み重ねと赤塚不二夫氏の「本番撮影」の顚末。

その後も、話題性としてはイマイチだったものの、『噂の眞相』らしいスクープは地道ながら、継続して放っていた。極真会館スキャンダルの後についても、ざっとタイトルだけ年代順にあげておこう。

「スクープ！　あの阿部定をついに発見！」（80年10月号）、ジャニーズ事務所を最初に取り上げた「アイドルタレントを操るあるホモ・プロダクションの秘密」（81年2月号）、「帝王学の権威・安岡正篤に群がる政・財界トップの顔ぶれ」（81年9月号）、「内幕情報のプロフェッショナル・落合信彦の正体」、「警視庁タブー・あるキャリア組エリート幹部の浮気の実態を追跡!!」（82年2月号）、「芸能界の新興勢力の首領・バーニングプロ社長の『実力』の研究」（82年4月号）、「あるエリート電通マンの自殺と殺意の周辺」（82年7月号）、「あの公安調査庁エリート調査官を襲ったスキャンダル劇の〝力学〟」（82年9月号）、「マスコミタブー松本清張の子息とばく事件と電通の〝実力〟」（83年4月号）、「『週刊新潮』『フォーカス』の〝陰の天皇〟齋藤十一の〝人間研究〟」（83年9月号）、「『戦場のメリークリスマス』ロケ先で消えた照明マン〝他殺の疑惑〟」（83年11月号）、「スクープ！　角川春樹・銀座ママ・根岸吉太郎のスキャンダル」（84年5月号）、「警視庁を震撼させた大スキャンダルと大手週刊誌圧殺の舞台裏」（84年11月号）、ざっとこんな感じだが、すでに警察、電通、芸能、文化人のタブーに果敢にチャレンジしていることがお分かりだろう。

むろん、それだけではなかった。個人的にも講演会の講師を引き受けたり、執筆活動をも積極的にやって、少しでも雑誌経営にプラスになればいいと考えたのだ。筑摩書房から文庫として04年5月に再刊された『武器としてのスキャンダル』を、最初にタイム・ライフ系列のパシフィカから書き下ろし出版したのは81年2月だった。その他、筆者初の女性論として84年1月に出した『サングラスの中の女たち』(サンマーク出版)、編集長日誌を1冊にまとめた『噂の眞相』編集長日誌』(木馬書館、後に現代教養文庫として再刊)が84年4月、写真家の荒木経惟《のぶよし》さんの写真入りでジャムセッションの形で書き下ろした『新宿よ!』(青峰社)は84年2月、『マスコミ・ゲリラ宣言』(大陸書房)は85年6月、と立て続けに出版している。こうした著作活動はそれまで『噂の眞相』を知らなかった人たちを読者にしていくという一石二鳥の効果もあった。今にして考えれば、この頃のエネルギーは、皇室ポルノ事件で自ら招いた危機を何とか取り戻そうという意地が根底にあったのだと思う。

そして、会社としても少しでも経営に寄与できればという思いで企画したのが、当時連載を依頼していた荒木経惟さんに頼んで、『噂の眞相』の初めての別冊『荒木経惟の真相』をつくることだった(82年、初夏)。何か話題を仕掛けて宣伝しなければということで、考えたのが漫画家の赤塚不二夫さんにハードコアのモデルをやってもらおうという大それた企画である。むろん、荒木さんにも了解を取った上で、下落合にあった赤塚さんの事務所に相手役の女優を連れていって直々に交渉した。モデルは知り合いのタレント事務所に「ギャラはたくさん出せないけど、本番をやってもかまわないという、これから売り出したい娘はいないか」と頼んで探してもらった若い女性だった。その女性はヌードモデルもやっており、本番の相手役は赤塚さんでカメラマンは荒木さんであることは事務所を通した交渉の段階で説明してあった。とりあえず、赤塚さんの3階建てのビルにあった事務所のすぐ近くのスナックで三人で飲むことになった。3時間ほど飲んだだろうか、どうやら赤塚さんは酔いもあってか、その女性が気に入った様子だったので、その日は二人だけにして筆者は雨の中、タクシーを拾って一人で引き揚げた。その夜二人がどうなったかは本番撮影まであえて聞かなかった。

撮影は新宿歌舞伎町のラブホテルだった。当日の撮影現場には赤塚さんの友人でもあった山本晋也監督も駆けつけてきたので、その場で、この本番撮影の一部始終をルポにして『噂の眞相』に書いて欲しいと依頼し、快く引き受けてもらった。この撮影を聞きつけた週刊誌やスポーツ紙にも近くの喫茶店で待機してもらい、撮影終了後には記者発表する段取りまでつけての撮影開始だった。今でも赤塚さんの真剣な表情は忘れられない。当時荒木さんと組んで二人三脚の雑誌づくりをやっていた白夜書房の末井昭氏も含めて、そのラブホテルの二間の部屋では7、8人が見守っていた。いくら赤塚さんが何千人切りのツワモノとはいっても、これだけのプレッシャーのなかでは平常心でいられるわけがない。武智鉄二監督の映画「白日夢」で愛染恭子と本番をしっかりやりぬいた役者の佐藤慶さんに新宿ゴールデン街で撮影の裏話を聞いたことがあるが、それも実に涙ぐましい努力のたまものだったからだ。

それだけに、途中で勃起のためのさまざまな努力を続ける赤塚さんには感動するとともに、申し訳ない気持ちにもなった。筆者がこの企画を進めていることを知った赤塚さんの側近中の側近だった長谷邦夫さんや、赤塚さんの『ニャロメの数学教室』などのマジメ企画でヒットを飛ばしていた出版プロデューサーの坂崎靖司氏からは余計なことをして赤塚さんのイメージを落とさないでくれと冗談まじりで文句をいわれていたからだ。しかし、何よりも赤塚さん本人が了解していることだし、撮影の段取りは着々と進んでいたのだから途中で中止という選択肢はなかった。撮影が無事に終わり、近くのイタリアンレストランでごくろうさん会をやった時には、ホッとした。待機していた取材陣には「大成功!」を報告した。翌日のスポーツ紙はこれをいっせいに報じ、週刊誌もそれに続いた。パブリシティのための仕掛けとしても「大成功!」だった。

この別冊『荒木経惟の真相』の表紙は、荒木さんがラブホのベッドで大股開きしている女性の局部のアップをカメラで狙っているという衝撃的な写真を使った。しかも女性の局部はスミベタで消してである。中面のページならともかく、これが表紙なのである。今だったら取次会社もコンビニもこんな表紙ではまずＯＫが出ないだろう。こちらとしては読者が店頭で何とか手にとってくれるようにと、それだけ必死の勝負に出たのである。『噂の眞相』は国際政治から風俗までをターゲットにした雑誌を売りにしているが、この別冊では、本番撮影のプロデューサー役から編集長、そして女衒までやった訳である。それもこれも雑誌刊行と経営の安定に向けてやるしかないという事情があったためである。むろんこの別冊はほぼ完売となり、これも雑誌経営をサポートしてくれた。

▼疑問だらけの報道協定破りで警察に別件で捜査される事態に。

そんな中、皇室ポルノ事件の後遺症からの脱却を決定づけてくれたのは、メディアに衝撃を与えた一本のスクープだった。それは85年1月号『噂の眞相』に掲載された「ハウス食品脅迫事件」をめぐる報道協定の存在をスッ破抜いたことによって派生した一連の騒動だった。当時、江崎勝久グリコ社長の誘拐に端を発した「かい人21面相」による企業脅迫事件、いわゆる「グリコ・森永事件」で世間は騒然としていた時期だった。日本の犯罪史上でも類を見ない劇場型犯罪などともいわれた新しいタイプの事件の発生だった。

そして、グリコや森永製菓だけでなく、新たにハウス食品にかい人21面相からの脅迫状が舞い込んだのだ。だが、大阪府警は何とか犯人を現場におびき寄せるために、ハウス食品への脅迫の事実をいっさい報道しないよう新聞・放送各社と雑誌協会に対し秘密裡に報道協定を要請していた。しかも、この報道協定の裏側では、大阪、京都、兵庫の三府県にまたがる大捜査網を敷きながら犯人を取り逃がすという警察の大失態の事実まで完全に封じ込められていたのだ。これらの事実をキャッチした『噂の眞相』は、この疑問符のつく報道協定の存在と舞台裏をあますことなく暴露することを決意する。そもそも報道協定とは誘拐事件などで人命を守るためとか、やむにやまれぬ事情があるとき以外には軽々に発動されるべきものではないはずだ。こうした警察の失態隠しや犯人逮捕という捜査目的のための報道協定が乱発されれば、マスコミが警察のコントロール下に置かれ、片棒を担がされることになりかねない。まともな現場記者の間ではこうした警察とメディアの癒着関係に疑問の声が出始めており、そうした良識派の新聞記者から『噂の眞相』に情報がもたらされたのである。

　警察は紛れもない権力機関である以上、メディアは常に監視しチェックしていかなければ不正や腐敗がはびこってしまう習性を持つ。人を捜査したり、逮捕したりする権限を持つだけに、常に組織的点検や自己チェックが必要なのだ。しかし、現実には警察に自浄能力が乏しいのは、警察官による信じがたい犯罪が頻発している現状をみただけでも分かる。まして、捜査協力費を幹部たちの交際費などに流用していた事実が発覚しても、当然のように事実を隠蔽《いんぺい》する体質を持つ。まさしく伏魔殿なのだ。北海道警の不正流用を徹底追及して新聞協会賞をもらった北海道新聞のケースはメディアとしては当然のことながら、これはむしろ例外といっていい。

このような体質をもつ警察とメディアの談合協定は言論機関にとって自殺行為である、との問題提起のため報道協定の存在じたいを記事化することにした。ところが、この報道協定の存在を『噂の眞相』がスッ破抜くという情報は、1月号の発売前から関係各所に広まっていたのだ。発売の5日ほど前から『噂の眞相』編集部に警察庁キャリアの幹部二人が面会を求めて来社し、「国民のためにも犯人逮捕は急務。天下、国家のためと思って助けて欲しい」と記事の中止を懇願してきたのだ。だが、この段階ですでに雑誌は校了して印刷に回されており、記事の中止は物理的にもまったく不可能な状態だった。警察庁にはそのことを説明したが、その後もこの幹部二人は諦めることなく連日にわたる説得工作を試みてきた。

ところが事態は思わぬ方向に急転する。発売直前の84年12月8日、当時『噂の眞相』が発行元となっていた雑誌『ザ・ゲイ』の編集発行人である東郷健がワイセツ容疑で突如逮捕されたのだ。しかも、これは単なる偶然ではなく、タイミング的にも説得が無理だと悟った警察の『噂の眞相』に対する報復の可能性が囁かれたのだ。実際、この東郷逮捕を突破口に『噂の眞相』への強制捜査、そして筆者が逮捕されるのではないかとの情報まで駆けめぐった。もしそうなれば筆者に対する明らかな別件逮捕ということになり、報道協定破りに対する意趣返しを意図した警察がいかにもやりそうな手口である。その危機を察知した筆者は雑誌発売前の逮捕という事態を避けるために、ホテルや友人宅を転々とする〝逃亡生活〟に入らざるをえなかったのである。

そして『噂の眞相』発売前日に遂に報道協定が解除となる。だが、その報道はこれまで報道協定など存在しなかったかのごとく、しかもハウス食品脅迫事件じたいがあたかも前日に発生したかのごとく大々的にくりひろげられた。報道協定解除の理由を、「一部のミニコミ誌が書くことが判明したため報道協定は意味がなくなった」と書いていた朝日新聞はまだしも、他のマスメディアの中にはその事実じたいを一切無視したところもあった。報道協定解除の真相は、「どうせ『噂の眞相』が報道することがわかったんだから報道協定は無意味だ」とマスコミ各社が大阪府警に強く迫った結果であることは明白だった。

それはそれとして、報道協定解除で事は一件落着とはならなかった。警察は報復の手を緩めず12月17日には遂に新宿の『噂の眞相』編集部と筆者が当時住んでいた南青山の自宅マンションに家宅捜索を行ったのだ。もちろん『ザ・ゲイ』のワイセツ容疑として、である。しかしこれは単なる名目にすぎず、ほんとの目的は『噂の眞相』への報復とともに報道協定破りに協力した新聞記者を探り出すことにあったと思われる。というのも、家宅捜索の前に「警察は『噂の眞相』に報道協定の情報を流した新聞記者はどこの誰か特定するために、名刺を押収する方針だから、早めに隠しておいた方がいい」という検察関係者からの情報を知らせてくれた新聞記者がいた。検察の中にもそんな良識派がいたことじたい驚きだったが、その情報を取り次いでくれた新聞記者によると、警察の私憤としか思えないミエミエの別件によるガサ入れ（家宅捜索）に反対している検事から、「岡留に教えてやれ」と言われたのだという。

結果的にこの情報はズバリ的中した。そのおかげで編集室がガサ入れされた時には名刺は全部事前にしまっておいたので押収されずにすんだ。だが、被疑者として呼び出しを受けて四谷署に任意出頭した際、すぐさま自宅のガサ入れを通告されたため、常に持ち歩いていたショルダーバッグの中に入れていた住所録と取材ノートを押収されたのである。うかつだったが、それは警察の方が一枚上手だったということだろう。少なくとも、それがゲイ雑誌のワイセツ容疑には何の関係もない押収物だということからも、警察の狙いが最初から報道協定の情報を流した新聞記者の犯人割り出しにあったことが窺《うかが》い知れる。

結局、筆者は2日間にわたり四谷署での任意出頭に応じたものの、別件逮捕も起訴もなく事態は収束に向かった。任意だったので取調べを中断してもらい、ラジオの生番組に出演して、「今、四谷署で事情聴取の最中で、ちょっと抜けて来ました」とやって、編集室で放送を聞いていたスタッフに大受けするということもあった。逮捕されていた東郷健も起訴されることとなく、その後、勾留期限切れを前に釈放された。この事件で警察が時と場合によってはいかに卑劣な手段を使うかということを痛感させられたが、一方では報道協定をスッ破抜いた雑誌の編集長が別件逮捕されるのではないかと、『フォーカス』などのメディアが報道したこともあって、『噂の眞相』の知名度と実売数も上がるという思わぬ波及効果があった。またこの事件の後、関西の朝日放送で「報道協定はなぜ破られたか」という『噂の眞相』の協定破りの動きを中心とした1時間のドキュメント番組も放映され、マスメディアに対峙するゲリラ雑誌『噂の眞相』の存在を広く世間に知らしめることになった。この番組を企画、取材したのは、朝日放送の報道部記者として、後に横田めぐみさんが北朝鮮にいたというスクープをものにして、横田滋さん夫妻にこの事実を最初に教えた、若き日の石高健治氏だった。この石高氏のスクープが後の北朝鮮拉致問題の火付け役となったことは周知の通りである。

2000年、グリコ・森永事件、ハウス食品脅迫事件に関係するすべての事件は犯人が逮捕されることなく時効を迎えた。数多くの遺留品が残されていながら、警察の相次ぐ失態が犯人グループの取り逃がしにつながったことを忘れてはなるまい。この時効の際にも、『噂の眞相』の報道協定スッ破抜きがテレビの特番などでも放映されたが、筆者にとっては緊張感に満ちた、忘れがたい思い出に残る『噂の眞相』事件史のひとつである。

▼三浦和義氏の「ロス疑惑」大報道に対し人権派路線で対抗。

グリコ・森永における報道協定スッ破抜き事件が一件落着した直後の85年6月号の『噂の眞相』目次には、「『週刊文春』〝疑惑の銃弾〟が意図的に隠した疑惑を暴く!」と「〝モルジブ疑惑〟である日突然渦中の人となって」という手記が並んで掲載されている。この当時の『噂の眞相』のジャーナリズムのスタンスと手法が象徴的にあらわれているので、具体的にみていきたい。

まず、ロス疑惑の方は『週刊文春』が連続してキャンペーン記事を掲載したことで、他のマスコミが次々とこの報道合戦に参入し戦後のメディア史に残る大フィーバー報道となった「事件」である。輸入雑貨商の会社「フルハムロード」を経営していた三浦和義氏は妻の一美さんをロスに連れていき、パームツリーの下で会社の宣伝用パンフのための写真を撮影中に米国人らしき二人組の強盗に襲われたのだ。妻は銃撃により植物人間となり、三浦氏も足を撃たれたという事件が発端となった。ロスのダウンタウンで白昼に起きたこの事件で三浦氏は悲劇の主人公として当時ワイドショーなどで派手に取り上げられていたが、その美談の主人公だった三浦和義本人が、実は妻の保険金を狙って仕組んだ犯行だったのではないかというショッキングな告発記事だった。

三浦氏の叔母は日活（後のにっかつ）のプロデューサーとして石原裕次郎らのビッグスターを発掘した水の江滝子で、三浦氏は幼少の頃から撮影所が遊び場がわりでスターたちに可愛がられていたという。事件当時は原宿に会社をかまえ、伊勢丹などとも取引のある青年実業家にしてプレイボーイとしても浮名を流していた。付き合う女性たちも、モデルからポルノ女優、キャスターといった派手な世界の人々ということもあって、ワイドショーに登場する証言者、コメンテーターもまじえて世間では、「三浦は犯人かどうか」という総岡っ引き状況が展開された。三浦和義というキャラクターもなかなかのもので、まさにメディアとのキャッチボールによる相乗効果もあって劇場型犯罪疑惑報道にふさわしい盛り上がりをみせた。ロスが事件現場ということもあって、ロス市警のジミー佐古田も日本のメディアに頻繁に登場して、著作まで出すという活躍ぶりをみせた。この事件の火付け役となった『週刊文春』の安倍隆典デスクもテレビに引っ張りだこでマスコミの寵児《ちょうじ》となっていたし、一美さんの両親や一美さんの双子の妹までマスコミに登場して、三浦批判の大合唱が繰り広げられた。

単に一人の野次馬として見れば、なかなか興味深い事件ではあったが、『噂の眞相』のジャーナリズム観からいえば、これはメディアが一人の市民を感情的に裁くという魔女狩りであり、あまりにも行き過ぎた報道だった。少なくとも、三浦氏は公人でもみなし公人でもなく、一般の市民にすぎない。『週刊文春』は未成年時代の過去をほじくり返したり、他のメディアも根拠なき噂レベルの情報まで何でもありとばかり書きまくり、放映した。三浦氏に対するプライバシー侵害は文藝春秋が当時発行していた『エンマ』という写真雑誌（後に休刊）において、スワッピングパーティに参加した際の全裸で性器をさらしている写真までノーカットで公開されるというところまでエスカレート。いくら疑惑の主人公とはいえ、プライバシーなどどこ吹く風であった。この事件に関しては、『噂の眞相』はもっぱら魔女狩りの様相を呈していたメディア報道の検証に関してだけ取り上げ、そのあり様について批判し問題提起することに専念していた。こうした『噂の眞相』のスタンスもあって、マスコミ大騒動の渦中ではあったが、三浦氏とその後結婚した良枝さんが経営していた渋谷のスナックとアンティークのアクセサリーを販売している店にも通ったし、三浦氏と一緒に新宿のクラブを飲み歩いたりもした。

結局、マスメディアを総動員する形での疑惑報道に突き動かされて警視庁が捜査を開始する。捜査員がロス現地にも飛んで、やがてXデイがやってくる。これはその時の警視総監だった福田一氏が総監退任後、政治家に転身するための人気取りを狙って強引な捜査と逮捕に動いたという見方もあったほどだ。三浦氏が逮捕された際、警視庁の庁舎内に護送するシーンでカメラマンのフラッシュが閃光を放つ中を引き回して問題になった、あの三浦逮捕劇シーンの派手な演出ぶりからもそれは容易に想像できる。しかし、結果的に福田氏の出馬はなかった。おそらく福田氏本人は政界入りを希望したが、受け入れる側が難色を示したのではないか。というのも、この福田氏は警視総監退任後も有力な天下り先がなかったためか、問題企業だった武富士の警視庁対策の裏仕事をやったり、マルチ商法まがいといわれたMの顧問をつとめたり、何かと評判のよくない人物だったからだ。しかし、それでも三浦氏は逮捕され、葛飾区小菅にある東京拘置所で裁かれる日を待つ被告人となった。筆者も何回か面会に行って、『噂の眞相』で三浦氏の「東京拘置所日記」の連載を開始することにした。せめて、裁判が公正に行われるかどうか経過を見守り、メディア報道に対する批判・反論の場を三浦氏に提供しようという狙いだった。三浦氏が逮捕されてからは、留守を守る形となった良枝夫人のサポーターもやった。編集者の仕事の範疇《はんちゅう》を越えていたかもしれないが、冤罪《えんざい》を主張する獄中の三浦氏が唯一頼りにしていたのが良枝夫人だったため、何かと相談にのったり、愚痴を聞いたり、励ましたのである。

▼三浦和義氏を告発した『週刊文春』の仕掛け人・安倍隆典氏の疑惑と挫折。

そして、三浦逮捕劇から1年半くらい経った頃、ロス疑惑の仕掛け人・『週刊文春』の安倍隆典デスクの大スキャンダルを入手する。おそらく三浦逮捕で勝ち誇っていただろう〝正義の人〟が実は金と女のスキャンダルを抱えていたのだ。安倍氏は三浦氏の犯罪疑惑じたいを報じる一方で、三浦氏の多彩な結婚歴、少年時代の犯歴、ベンツを乗り回す女たらし、マリファナ好き、といったプライバシーを暴き、お茶の間の正義に訴え続けたことでマスコミの寵児としてもてはやされた人物だった。三浦逮捕後に安倍氏が書いた『三浦和義との闘い』という本も話題になっていた。筆者が三浦氏と個人的に付き合った経験からいっても、彼の女性に対するエネルギーやマメさには筆者も感嘆させられるものがあったことも確かである。一緒に飲み歩いた店で知りあったホステスたちに1日3、4回、しかも片っ端から電話でマメにくどいていた事実も知っている。あの疑惑報道の渦中に、しかもマスコミ包囲網の中での行動だから、三浦氏自身の女たらしや脇の甘さは否定しない。だが、『噂の眞相』が入手した情報は、三浦氏にすれば「安倍隆典だけにはいわれたくない」というツッコミを入れたくなるような大スキャンダル劇だった。

「〝ロス疑惑〟仕掛け人をめぐる金と女の〝大醜聞疑惑〟を追跡！」（87年5月号）と皮肉たっぷりのタイトルをつけて掲載した記事は、安倍氏が元銀座ホステスの愛人に自分が勤務する文藝春秋のすぐ近くで小料理屋をやらせていたというものだった。むろん、話はこれだけでは終わらない。小料理屋の開店資金3500万円を借りたのがいわくありの新興宗教団体Sだったのである。この団体の教祖が秘蔵していたポルノ写真が内部抗争で流失し、それが『フォーカス』に掲載された際、安倍氏も『週刊文春』でこの件を取材対象として動いていた過去があったが、なぜか記事にはなっていない。その秘蔵写真は、この教祖と愛人の全裸のベッドシーンを写したものだった。いずれにしても、メディアの世界ではこれはマッチポンプ、ブラック・ジャーナリズムといわれても仕方がない問題のある行為である。

筆者は、この安倍氏の直筆による借用書という〝物証〟を入手した上で取材に入った。安倍氏も必死だったのだろう。この記事に対して刑事で告訴してきたが、動かぬ証拠が決め手となり、当然ながら起訴は見送りとなった。この借用書を安倍氏が書いたのは三浦逮捕劇の5カ月前、小料理屋のオープンは、翌年の4月。返済期日が間近に迫っていた時期である。まさに安倍氏がマスコミの寵児として連日のように、テレビや週刊誌などで大活躍している真っ只中の話だった。結局、安倍氏は借金を返済できず、保証人となったSM作家D氏が文藝春秋の役員に相談をもちかけたことで、会社の知るところとなった。教祖の愛人は何とこのSM作家の妹だったのである。何とも不可解な一件だったが、結局、ロス疑惑で『週刊文春』に大貢献したはずの安倍氏は、これが命取りとなって会社を辞めて独立する途を選ぶことになった。

だが、安倍氏が第二の人生の舞台として設立した出版社は最初から広くて豪華な社長室をつくるなど、派手な素人経営ぶりを見事に露呈させ、ほどなくして倒産した。ロス疑惑報道で培った人脈を駆使して資金繰りに走り回ったが、負債は約10億円にのぼったといわれたほどだ。万策尽きた安倍氏から金策を頼まれた筆者の知人の一人は、「ロス疑惑で売れっこだった頃の勢いはまったく感じられず、やつれて人生の敗残者のようだった」と語っていた。まさに「人生いろいろ」である。

安倍氏の著作『三浦和義との闘い』の中に「三浦和義と闘うことは、三浦的生き方、三浦的価値観と闘うことなのである」と書かれている。それは、まさしく安倍氏の本心だったのだろう。安倍氏は1本の保険金殺人疑惑の情報を入手したことで、三浦的人生に嫉妬しつつ憎悪を次第に掻《か》き立てて三浦氏を刑務所に送ることに成功した。これは一週刊誌編集者のセンスというよりも、むしろ文学者の情念に近い。安倍氏が東大仏文科出身であるということに何かしらの因果を感じるのは、筆者のうがちすぎだろうか。同じ東大でもこれが法学部とかであったら、まったく違う人生を送ったのではないかと思えてならない。結局、安倍氏は自分の中に住み着いていた、激しく忌み嫌ったはずの三浦的生き方を、最後まで否定し切れなかったし、自らもあこがれていたという二律背反の心理をもっていたということではないだろうか。まさにロス疑惑報道の裏にあった『噂の眞相』いうところの、ヒューマン・インタレストそのもののエピソードだった。

さらに、『噂の眞相』としては本意ではなかったが、この事件で殺された一美さんの実家・佐々木家の内情にも言及している。本来は被害者家族であり、公人でもない。記事にすることに多少の抵抗はあった。しかし、メディア上では安倍隆典氏と同じくマスコミの寵児であった。ロス疑惑というさまざまな人々の人生模様が凝縮されたメディア報道の中で、佐々木夫妻が人の道を説き始めていた以上、見て見ぬふりはできなかった。「〝ロス疑惑捜査官〟佐々木夫妻のマスコミ工作の舞台裏」(86年3月号)の記事は、佐々木夫妻と行動をともにしたテレビディレクターの内部告発ともいうべき売り込みの手記だった。一美さんの父親が競馬のノミ屋をやっていることや、メディアに登場して正論をブッていた実弟が逮捕歴多数のワルだったことなどは安倍隆典だけではなく、ロス疑惑報道に関わっていたメディア関係者はほとんど知っていたが、三浦和義という人間をワルの殺人者のイメージに仕立てるためには正義役を演じてもらわなければならなかったためにそうした事実を一切伏せたのである。これは紛れもない、メディアのご都合主義ではないかというのが『噂の眞相』がこれらの事実を取り上げて公開した根拠だった。

小泉首相の初の訪朝で拉致被害者5人が帰国して以来、国論や外交を左右するようなタカ派の強硬論をブチ始めた蓮池透氏が東電の原発にかかわる仕事をやっていること、趣味は競馬で週末はマスクで顔を隠して新橋場外馬券売り場に通っていることなどをスッ破抜いたことと同じ狙いである。被害者家族のプライバシーを記事化することへの抵抗よりも、蓮池氏が強力な情報源だったこともあり、結果的に北朝鮮と闘う英雄にしなければならないというメディア側の私的理由でタブーにしてしまうことの方が、『噂の眞相』としてはよほど問題だと判断したためである。

このロス疑惑報道は戦後のメディア史に間違いなく残る狂乱大報道だった。結局、「疑惑の銃弾」が報じた一美さん銃撃殺人事件は最高裁まで争われたものの、三浦氏の無罪が確定し、メディアの魔女狩り報道とそれに引きずられた警察の大失態ともいうべき結果となった。三浦氏が獄中からメディアのプライバシーや人権侵害に対して次々と訴訟を起こし、和解も含めると圧倒的な勝率を上げたのはいうまでもない。ただし、銃撃事件以前に三浦氏がロスのニューオータニで女優のYに鉄のハンマーで一美さんを殴打させた事件の方は有罪が確定し、すでに二人とも服役を終えている。この事件の服役の途中で三浦氏が仮出所した際、三浦氏を労《ねぎら》う意味で二人で新宿を飲み歩いた時、どこにいるか分からないがなんとしても獄中離婚した良枝前夫人を探し出したい、と熱く語っていたのが印象的だった。そして、再収監される直前に良枝さんを探し出して、電撃的に再入籍することに成功した三浦氏の行動力や並外れたエネルギーにも驚かされたものだった。三浦氏が良枝前夫人をやっと探し出したのは、警視庁に強いテレビ局のスタッフの協力だった。顔の知られた有名人とはいえ、犯罪者でもない良枝前夫人の居所を常に特定している警察も凄いものだとカンシンさせられた。

▼「ロス疑惑」に続いた「モルジブ疑惑」の山根真一氏との交友関係。

そして、このロス疑惑の2匹目のどじょうを狙ったかのように読売新聞が社会面トップで報じたのが、「モルジブ新婚旅行保険金殺人」疑惑報道である。読売の記事はなぜか匿名扱いだったが、週刊誌ならともかく、大手紙としては異例の扱いである。大手紙ならば、匿名にするくらいなら通常は間違いなく没にするたぐいのネタである。明らかにロス疑惑報道の熱狂に引きずられたセンセーショナリズムの影響が感じられる記事だった。案の定、『週刊新潮』がこの記事を実名入りで特集記事として報じたことで、読売の匿名扱いは見事に無化され、テレビや週刊誌が追撃報道する事態となった。

たまたまだったが、筆者はこの「モルジブ疑惑」の山根真一氏とは以前から面識があったため、この報道をめぐってあれこれ相談を受ける立場となった。山根氏はもともと新左翼のバリバリの活動家だったが、その後経営していた旅行会社がトラブルになったことがあり、その際、かつて同じ活動家仲間だった作家の笠井潔氏に何とか力になってくれと紹介されたといういきさつがあった。話を聞いてみると、山根氏もかつて筆者と同じセクトに所属していたことが分かり、共通する仲間がたくさんいたことも判明した。それまで面識がない方がむしろ不思議なくらい近くにいた関係だった。筆者が活動の現場を離れた後も山根氏は新左翼系党派の主要な任務を帯びて海外を飛び回っていたという。その延長として旅行会社をやっていたというのが本人の説明だった。

しかし、この疑惑報道によって、吉岡忍、山口文憲、戸井十月、亀和田武といった仲間から山根氏は絶縁され、当初、山根氏の弁護を引き受けていたN弁護士までが弁護人を降りてしまったのである。このN弁護士もかつて山根氏と同じセクトだったにもかかわらず、である。もっとも、N弁護士の妻もフィリピンで変死していたことから、『アサヒ芸能』が疑惑の人・山根氏とその弁護士を「南の島の連続殺人疑惑事件」として取り上げようとして取材に動き始めたため、急遽《きゅうきょ》N弁護士がとばっちりを受けるのは嫌だとして降りたのである。結果的にこれは裁判に堪えうるような証拠が固まらず、記事じたいは見送りになったものの、山根氏の一件は第二のロス疑惑報道と化す気配をみせていた。

そんな緊迫した状況の中で、76ページに書いたように山根氏の手記を作成して『噂の眞相』に掲載したのである。この手記の作業は他のメディアが山根氏を追いかけまわしていたこともあって新宿のビジネスホテルに缶詰状態にして行った。いささか驚かされたのは、自分の妻が、それも新婚旅行先のモルジブで夜のサンゴ礁の浅瀬を散策中に深みにはまって溺死《できし》した一件で保険金殺人容疑がかけられているのに、取材の途中で高鼾《いびき》をかいて寝入ってしまったことだ。筆者は困惑しながらも、連日の緊張状態で疲れているのだろうと思ってしばらく寝かしていたが、仮に殺人を犯している人物ならば悪夢に魘《うな》されるのではないかと思ってつい観察してしまったことを昨日のことのように思い出す。これもジャーナリストの悲しい性《さが》というやつなのだろう。

この手記で山根氏自ら真相を語り、メディア報道を批判したこともあってか、ロス疑惑ほどの広がりにはならなかった。『週刊新潮』を名誉毀損で提訴すると同時に、フジテレビのワイドショーでは自ら事件の現場と状況について黒板とチョークを持って教師のように語った。何誌かの予断なきメディアの取材にも応じた。さらに、手記掲載から2号あとの『噂の眞相』では、「ロス・モルジブマスコミ疑惑報道を検証する!」として、この山根氏と三浦和義氏、後に同志社大学教授になった浅野健一氏をまじえてメディアに関しての総括的な鼎談《ていだん》もやった(85年8、9月号)。結局、これでメディア報道は沈静化して一件落着となった。ロス疑惑と違って警察が動くこともなかった。妻の遺体はモルジブで荼毘《だび》に付されており、成田に帰ってきたのは遺骨だけだったことや、決定的な証言が何も得られる状況になかったことが、その理由だった。

この疑惑報道が一段落した後、新宿ゴールデン街である中堅女優と山根氏を同席させたことがあった。かねてよりポンポンと人に切り込む歯切れのいいタイプの女優ではあったが、酒の酔いもあってか山根氏に面と向かって「あんたほんとはやったんでしょう」と絡み始めた。山根氏は野太い声で「ハハハ」とただひたすら笑っていた。山根氏は別段、弁解するわけでも怒るわけでもなかった。

山根氏はもうこの世にはいない。もう、6、7年前になるだろうか、北海道を車で移動中に、車にぶつけられて即死したという情報だけ入ってきた。この疑惑報道のせいで友人たちが皆去っていったため、葬儀に行った関係者が一人もいなかったこともあって、仕事だったのかどうかといった詳しい事故時の情報は誰も聞いていないのだ。なぜか助手席に乗っていたのだというこことだけは伝わってきたが、それは単に彼が運転免許をもっていないということからきた推測だけなのかもしれない。人脈や交友関係は広かったようだが、誰一人全体像を知らなかったという意味では、元革命家らしい謎を秘めた人物の呆気ない死だった。もっとも、疑惑報道の真っ最中、筆者が紹介する形となった若い女性の部屋に転がり込んで男女関係をもっていた時期もあった。マスコミに追われる中で大胆ともいえる行動だが、筆者はその女性から告白されて初めて知ったのである。山根氏も革命家にしては、脇の甘さがあり、革命的警戒心にはいまいち乏しい人物だったことを物語るエピソードだ。

▼「マニラ市内殺人事件」の犯人の文才にみたエネルギーの発露。

このモルジブ疑惑報道の後に、マニラ市内殺人事件としてワイドショーを賑わせた保険金殺人事件の主犯・大久保利久氏が自ら電話をかけてきたことがあった。テレビには本人も出演し、共犯のKと対立したりして連日のように派手に報道されていたので、あまり触手の動く事件ではなかったが、一応会ってみることにした。大久保氏の用件は、『噂の眞相』でこの事件について当事者として連載で書きたいという依頼だった。テレビでは自分の気持ちをじっくり伝えることができないので文章にしたいのだという。これもあまり期待はしないままに了解したが、書いてきた原稿はなかなか文才を感じさせる面白い内容だった。山根氏のようにメディアの疑惑報道に対抗するためという意気込みはなく、いずれ逮捕されることを覚悟している感じで、「出所してきたらビールとラーメンをおごって欲しい」としきりにいっていた。連載は86年9月号の「『マニラ市内殺人』事件のすべてを初告白」からで、3回目の連載原稿を編集部に届けた翌日の朝、警察に逮捕された。筆者に原稿を渡した後で一緒に軽く飲んでから近くのホテルに引き揚げていったので、刑事はおそらく尾行していたはずでその一部始終を目撃されていたのは確実だろう。原稿じたいは2回目が「マニラの風——下見」、3回目が「マニラの風——タイ人女性・モアイ」で未完に終わったが、その後、接見した弁護士を通じて原稿が届けられた。それも「『マニラ市内殺人』事件で本誌連載中に突如逮捕されて以降の顚末」と題して掲載した（87年3月号）。

この大久保氏のいう「マニラの風」を体感するために、彼がマニラ滞在の折に定宿にしていたマニラ湾に面したロハス大通りのはずれにあるベイビュウホテルに行ってみたことがある。その後、新しく改装されたが、その当時は古くてとてもきれいとはいえないうす暗い感じの三流ホテルで、退屈そうにおそらく銘柄は「サンミゲール」であっただろう缶ビールを飲んでいるうちに、殺人ゲームを思いついたのだろうことを夢想してみた。殺されたのは日本人の公務員Hさんで、このホテルの前に広がるマニラ湾で死体が発見されたのである。

逮捕から10年後くらいだっただろうか、大久保氏から電話があった。仮出所したのだろう。以前、拘置所から弁護士を通じて渡した分の原稿料をもらえないかという内容だった。逮捕前の3回分の原稿料は原稿と引き換えに直接渡していたので、確かに最後の1回分は未払いであった。せっかく出所してきたのだから、ビールとラーメンの約束を果たすべきだったのだが、筆者の方に躊躇する気持ちがあった。それは、獄中の大久保氏から400字で500枚はあろうかという小説仕立てのワープロで打たれた原稿が第三者を通じて編集部に送られてきていたのを放置したままにしていたからだ。目を通さなかったわけではない。その小説の内容があまりにも重かったためである。エロっぽくもあるが、むしろ、『家畜人ヤプー』を想起させる無気味さのある凄まじい印象の小説だった。未完とはいえとてつもないエネルギーと才能が感じられたのだ。それまでの彼の原稿はすべて普通のノートに細かい字でびっしり無造作に書かれていたが、ワープロ打ちに込められた〈勝負をかけてるな〉ということがヒシヒシ伝わってくる内容で、その気合にこちらがたじろいだというべきかもしれない。

もともと小説は筆者の専門領域ではないし、自分自身の雑誌づくりの日常業務に追われているうちに、失念していたのである。いや、記憶の中から消し去ろうとしたという方がほんとは正確かもしれない。大久保氏が殺人者であることは否定しようもないが、退屈しのぎで殺人に走るようなエネルギーが執筆活動や作品の創作に向けられていたら、殺人という事態は避けられたのではないかとも思えた。仕事柄、筆者は作家という人種をよく知る立場にあるが、作品を書く機会がなかったら、殺人者になるか精神を病んでいるだろうと思えるような人はいくらでもいる。その後の大久保氏の消息は分からない。文章で生計が立てられるようになっていればいいが、退屈と金欠で殺人ゲームに走るような人生とだけは二度と無縁でいてほしいものだ。あのあり余るエネルギーと頭のよさは現実社会と折り合いをつけてうまく生きていくには、そう簡単ではないだろうからだ。

雑誌をやってきてつくづく感じるのは、いろんな人と出会い、さまざまな体験をつむことができたことだ。それも、普通の人生ではまず出会うことのないような犯罪者や濃いキャラの人間たちばかりである。その意味では、人生を何倍も楽しめるのが、ジャーナリストや編集者という仕事かもしれない。筆者の場合、こうした人たちとの出会いによって雑誌をつくってきたわけだし、それが徐々に部数増につながったのだから、趣味と実益を兼ねたラッキーな編集者人生だったといえる。

第三章　休刊宣言騒動裏事情篇

定着化を決めた
創刊10周年記念別冊。

▼90年の初頭に早くも『噂の眞相』2000年休刊を意識していた。

かつて『朝日ジャーナル』という雑誌があった。朝日新聞社から発行されていたルポ・ノンフィクションと評論によって時代状況を撃つ硬派週刊誌として一時代を築き上げた雑誌である。特に1968年前後、全国の学園で吹き荒れたバリケードストライキ闘争の中から生まれた全共闘運動における「学問とは何か」「自己否定の論理」といったラディカルな問題提起に対して、この『朝ジャ』が理論的支柱としてサポーター役を果たした時代もあった。活動家だけでなくシンパ層もこの雑誌をこぞって購読するという相互関係で、『朝ジャ』は部数を大きく伸ばして商業雑誌としての黄金期を迎えたのだ。時代と雑誌の呼吸がぴったりあったケースである。筆者も『現代の眼』や『現代の理論』、『構造』などと一緒に、この『朝日ジャーナル』も読んでいた。

しかし70年代に入り、連合赤軍による浅間山荘事件を境に全共闘や新左翼運動も急速に衰退し、『朝ジャ』も徐々に部数が長期低迷傾向に入っていく。政治の昂揚期が去って活動家たちの間にも挫折感が蔓延《まんえん》し、いわゆる彷徨の時代に入ったのだ。『朝ジャ』もキャンパスや街を取り巻く状況の変わりようと無縁ではありえなかった。絶頂期を過ぎた雑誌として『朝ジャ』のその後は、まさに余生に入った感じだった。

そして80年代に入り、朝日新聞のエースとして登場した筑紫哲也編集長の「新人類」を看板にしたサブカル路線をもってしても、部数上昇の決め手とはならなかった。厚化粧して若づくりしても、読者を引きつけるまでには行かなかったという図式である。その後、フェミニズム系の下村満子編集長を起用して起死回生を狙ったが、やはりこれも上手くいかず、ついに92年5月29日号をもって、その歴史に幕を閉じたのである。創刊が59年だから、享年33だった。栄光の時代もあったし、長生きもした訳だから、幸せな雑誌だったといえるのではないか。

この歴史的な『朝ジャ』最終特別号に『噂の眞相』はこんな広告を打ったのである。「追悼！『朝日ジャーナル』休刊。でも、まだ『噂の眞相』がある」との極太活字によるキャッチコピーの後、こんな気負った〝追悼文〟を掲げた。

「反権力・反権威スキャンダリズムを掲げ、タブーなき自由な言論を武器に時代と権力に真っ向から向きあうことのできる今やわが国唯一の月刊総合情報誌、それは『噂の眞相』しかありえないと自負しているからだ。『朝日ジャーナル』を支えてきたスタッフと読者の皆さん、あなたがたの情熱を決して忘れはしない。その無念さは我々『噂の眞相』が勝手に引き受けるつもりだ。そして『朝日ジャーナル』の分まで西暦二〇〇〇年に向けてアナーキーに闘い続けることを、この歴史的な『朝ジャ』休刊号誌上において、天下国家に向けてはっきりと宣言しておきたい」

今にして思えばいささか気恥ずかしい限りの気負った文章である。しかし、『朝ジャ』と『噂の眞相』はもともと読者層の一部がかぶっていたこともあるが、この広告により行き場を失った『朝ジャ』読者を引き継ぐ形で、部数2万部程度は確保したのではないかと雑誌業界で話題になった追悼広告だったのである。『朝ジャ』の広告のせいだったかどうかは別にして、この時期に『噂の眞相』の部数が伸びたのも確かだ。

この1頁広告のことをここであえて紹介したのは、この時点で既に「二〇〇〇年に向けて」との文言が入っていることに注目してほしかったためである。最初にこの2000年休刊を表明したのはこの広告を出す少し前の90年の秋、『話の特集』300号記念特別号に筆者が寄せた一文だった。このあとも折に触れて2000年までは何が何でもやるということを宣言しているから、『噂の眞相』刊行はあと10年間はやれるという長期的な展望とそれなりの自信がみえた時期だったのだろうと思う。と同時に、そこにあらかじめ2000年という休刊の目標を設定したのは、雑誌は時代を映す鏡であり、まさに「生き物」であり、いずれは雑誌自身にも「寿命」がくることを、それなりに予見し想定していたということだろう。

70年代、80年代はミニコミ誌の群雄割拠時代であり、そのいずれの雑誌も個性的な編集発行人の手によってつくられていた。筆者が読んできた雑誌だけでも、『話の特集』、『面白半分』、『噂』、『別冊新評』、『写真時代』、『ペンギン・クエスチョン』といろいろあったが、最終的にはすべて休刊となった。企画的には面白かったが、定着までに至らなかった『東京おとなクラブ』、『絶体絶命』といった雑誌もあった。雑誌の寿命じたいも編集発行人の資質や手腕しだいということもあり、ミニコミ誌「5年説」やら「10年説」がしきりに論議され、それが説得性を持っていた時代風潮を反映させたのが、早々の2000年休刊宣言だったのだろうと思う。

その後も雑誌としては全盛を誇っていたメジャー系の『平凡パンチ』や『フォーカス』も休刊となった。いくら資本力のあるバックがついていても、雑誌には寿命があり、ダメなものはダメということを教えてくれた象徴的な事例だった。『噂の眞相』は『フォーカス』休刊号にも追悼1頁広告を出した。『フォーカス』に対しては、世間的にはいろんな批判もあったが、写真によるスキャンダル・ジャーナリズムを切り開いた同誌の功績はきちんと評価されるべきであるとの判断で、追悼メッセージを送ったのである。

やはり、雑誌は〝生き物〟であり、それはつくる編集者やそれを支える読者によって〝生命〟を与えられるものなのだ。そのことをきちんと自覚しつつ、2000年までは日本のジャーナリズム史に残るようなスクープ記事をとことんやり続けようと、『朝日ジャーナル』最終号でその決意を宣言したというわけである。

▼予期せぬ東京地検特捜部による公訴によって休刊を先延ばしに。

ところが、予期せぬ事態がその後に勃発した。『朝日ジャーナル』に追悼メッセージを出した3年後の95年6月に、東京地検特捜部から『噂の眞相』が名誉毀損罪で刑事起訴されたのだ。捜査開始はその1年前からだから、『朝ジャ』宣言から2年目にして日本最強の権力機関に狙われたということになる。２０００年休刊宣言はおそらく先延ばしせざるを得ないような大事件だった。これは作家の和久峻三氏とマルチプランナーの西川りゅうじん氏が別々に名誉毀損で東京地検特捜部直告班に刑事告訴していたものを、併合して起訴するという前代未聞の言論刑事裁判である。しかも、これは検察批判を続けてきた『噂の眞相』を狙い撃ちしたことが明らかな検察の恣意的《しいてき》起訴だった。現在に至るまで　東京地検特捜部による刑事訴追を受けたメディアは『噂の眞相』だけという事実を見ても、それがいかに異例の公訴劇だったかが分かるだろう。

東京地検特捜部の直告班が年間どのくらいの名誉毀損の告訴を受理しているか『噂の眞相』が問い合わせても一切答えてくれなかった。この程度のことすら情報公開しない法務省の体質は、国民のための公僕という意識じたいがカケラもない傲慢さというしかない。そんな事情なので、こちらとしては、ある程度推定するしかないが、年間何十件、いや何百件もメディアに対する刑事告訴が受理されているはずなのである。にもかかわらず、戦後、特捜部が発足して以来、起訴した雑誌メディアは後にも先にも『噂の眞相』の一件だけなのだ。検察、特に東京地検特捜部は大手マスコミにとって絶対的なタブーの存在である。もし検察のスキャンダルや批判記事を書けば、司法記者クラブへの出入り禁止処分となり、疑獄・大型事件などの際に検察サイドの捜査情報を得られなくなるというウイークポイントがあるためだ。

だが『噂の眞相』はこのマスコミ・タブーである検察批判を一貫して追求してきた。特に『噂の眞相』に対する捜査の陣頭指揮を執った当時の東京地検特捜部長・宗像紀夫は、福島の政商・小針暦二（故人）に疑惑のりんご箱を贈られたとの記事を『噂の眞相』に書かれたことがあり、以前から個人的に恨みをもっていた（詳しくは後章）。そのため、『噂の眞相』を最初から是が非でも起訴するという恣意的な捜査を行い、実際不当な起訴に持ち込むことに成功したのである。「巨悪を眠らせない正義の味方」「権力の腐敗を断罪する捜査機関」――、世間で、かつては、こんなふうにもてはやされてきた東京地検特捜部だが、『噂の眞相』が長年にわたって告発してきた特捜部の正体は世間が抱いているイメージとまったく違い、時に私的感情や政治的思惑で公訴権という公的権力を行使するケースも多々ある権力機関だったのである。

この恣意的な不当起訴により、『噂の眞相』は、検察との全面的な裁判闘争への突入を余儀なくされた。この負けられない裁判を闘うためにこちらもそれに対抗しうる弁護団を結成する必要があった。そのため言論メディア界のオーソリティである清水英夫氏を弁護団長にした弁護士6人による弁護団を結成した。当然ながらこうした裁判にかかる費用を捻出し続けるためにも、裁判のメドがつくまで雑誌を刊行し続ける必要に迫られたのである。在宅のまま起訴されたのは、編集発行人の筆者と記事を直接担当したKデスクの二人だった。そんなわけで、当初の目標だった2000年休刊の予定に赤信号がともってしまったのである。

しかし、起訴された以上、『噂の眞相』が創刊以来行ってきた作家や文化人という公的なオピニオンリーダーの立場にある人物に対する、読者の知る権利に応えるための言論活動を続けてきた編集理念を法廷でも主張していくつもりだった。記事じたいの真実性についても特捜部に起訴されるような案件だったとは到底思っていなかったし、そのほとんどについて法廷でも立証可能なものだと考えていた。仮にこの記事が起訴に値するとなれば、現在発売されているスキャンダリズムを指向している週刊誌記事のほとんどに適用される事態になる。特捜部が『噂の眞相』に対し、恣意的なみせしめの起訴に踏み切ったことは明らかであり、そのことを裁判所にも強くアピールしていけば、検察が恥をかかざるを得ないような良識ある判断が裁判所によって下されるものと信じて公判に臨んだ。

ところが、公判が進むにつれ、検察だけではなく、裁判所さえも『噂の眞相』側の立証を妨害するような「裁検一体」としか思えない訴訟指揮をとり始めたのだ。それは初公判から約2年が経った97年11月10日の第21回公判における検察側の突然の方針変更が発端だった。初公判の起訴状朗読から求釈明に至るまで検察側は「『噂の眞相』は虚偽の事実を執筆掲載した」として、記事じたいに誤りがありそれを検察側が証明していくと明言していた。にもかかわらず、これを「すべて撤回して今後とも立証は一切行わない」といい出したのだ。法廷でのこれまでのやりとりをいとも簡単に反古《ほご》にするという、法廷に対する侮辱とも思える検察のやり口に6人の弁護団ともども唖然とするしかなかった。そもそも起訴じたいがデッチ上げといってもいいやり口なのに、公判までも手抜きですまそうという検察の権力を笠に着たゴーマンなやり口に怒りがこみあげた。裁判じたいに幻想を持った自分の甘さに対しても、だ。

しかも、この突然の方針変更に対し『噂の眞相』弁護団がその理由を検察側に質《ただ》しても「特に説明の必要はない」と木で鼻を括《くく》ったような答えだった。これを分かりやすくいえば、殺人で起訴された事件で、検察が殺人行為の事実関係の立証をせず、殺人者とされた側に自分で無罪を立証しろというようなタグイの話なのだ。さらに弁護団が「検察と『噂の眞相』のどちらが立証責任を持つのか」と申し立てても、裁判長まで「趣旨がよく分からない」などとトボける始末なのだ。検察側の無責任な対応にまっとうな疑義すら呈さない問題ありの裁判官でも、あるいは、破廉恥事件を起こしたり憲法違反の超タカ派発言を行うような非常識な人間であっても、法廷の場においては絶対不可侵の存在とされているのだ。到底納得できる話ではないが、これが司法の偽らざる現実なのだ。

▼検察側の立証放棄に裁判所が追随した「裁検一体」の恐るべき実態。

結局、検察側のみえ透いた虚言はなんら問題にされることなく、裁判の方は何事もなかったかのように続行されたのである。この時点までの公判は、告訴人である和久氏とその5番目の妻、そして西川りゅうじん氏の事件当事者3人だけの被害者としての感情証言しか行われていない。これらの証言は「記事によって傷つけられた」「記事は事実無根」などと何の根拠もないままに好き勝手に自分の主張を述べたにすぎない。裁判というのは『噂の眞相』がいかに虚偽の事実を書いたかを、検察側がキチンと立証してこそ裁判官に有罪を求刑できるはずである。どう考えても検察の完全なる立証放棄である。おそらく、法廷に呼んで『噂の眞相』の有罪を立証してくれるような証人など検察側にはいなかったということだろう。検察の突然の不可解な立証放棄の理由はそれくらいしか考えられないからだ。

そのため、『噂の眞相』側がやむなく事実を立証せざるを得ないと弁護方針を切りかえた。

しかし、重要人物の証人申請が裁判所によって次々と却下されてしまう。何よりも個人的怨みで起訴を進めた宗像紀夫特捜部長（当時）の証人出廷を求めたが、裁判所は歯牙にもかけずに拒否。さらに、この裁判では最重要証人といえる『噂の眞相』記事の情報提供者だった和久氏の4番目の妻と、西川氏が愛人をつくったことが離婚の引き金になった前妻の二人がそろって精神的理由で出廷困難と判断されたのである。これは法廷における真実証明の上では大きなマイナスとなった。司法の悪しき体質は実際に裁判を経験しないとよく分からないだろう。しかし、体験者としていえば、現実の司法は検察と裁判所が一体化して国家権力の威信とメンツを相互に補完しあい、ただただ自分たちの権益を守っているだけの存在にしか見えないのが現実なのだ。

さらに、こうした司法の現場をウオッチして権力の行き過ぎをチェックすべく最前線にいるはずの司法記者クラブの裁判担当記者たちもヤル気がなさすぎる。裁判所や検察に部屋を提供されて日常的に出入りしているのだから、そもそも存在じたいからして癒着関係下におかれているせいもあるだろう。こうした実態に疑問すら持たないほど感性が麻痺しているのだから、権力の御用記者といわれてもしかたがないだろう。

結局、『噂の眞相』は検察だけでなく、裁判所の横暴という二大権力機関とも闘わなくてはならなくなったのである。前述したように「検察は立証を放棄したのか」という弁護団の質問に対し「趣旨が分からない」とトボけた大渕敏和裁判長に至っては、『噂の眞相』公判中、何度も居眠りを繰り返し、鼾《いびき》までかいていた人物。度重なる居眠りに『噂の眞相』弁護団が抗議したが、「病気のため薬を飲んでおりその副作用」との回答だった。だが、職務に支障があるほどの強い薬を飲まなければならないとすれば、そもそも裁判長という重責が務まるのか疑問である。人の人生を左右するほどの強大な権力と社会的責務を持つ立場の裁判官なのである。こんな裁判官に対しては法廷侮辱罪を問うようなシステムが急務ではないのかということを実感させられた。もっともこの裁判長は他の法廷でも居眠りが目立っており、そのことを作家の佐野眞一氏に『新潮45』の「東電OL殺人事件」裁判ルポで暴露されたこともあり、結果的に都下・八王子支部に異動になった。気の毒ではあるが、必死になって真実を証明する被告人側にしてみれば当然の措置というのが、率直な気持ちだろう。

そして、02年3月、筆者に下された東京地裁の判決にしても予想以上にひどい内容だった。時に声のトーンがワンオクターブ高くなりキンキン声になる木口信之裁判長による判決趣旨は「記事の一部でも私生活の行状（プライバシー）を書けば、記事全体が名誉毀損にあたる」というとても冷静とは思えないヒステリックで感情的な認定で、懲役8カ月執行猶予2年という有罪判決だった（ちなみにKデスクは懲役6カ月、執行猶予2年）。この判決までには3人の裁判長が交代したが、足掛け8年にわたる裁判で、10人以上の証人を出して事実の証明は95パーセント以上達成したつもりだが、この木口判決においては記事が真実かどうかなど何の関係もなかったのである。いかに憲法で保障された言論・表現の自由が重要かということで、作家の船戸与一氏、文芸評論家の坪内祐三氏、同志社大学教授の浅野健一氏といった言論・表現やジャーナリズムにかかわる人たちにも法廷で証言してもらったが、裁判長の頭の中からはその部分がスッポリ抜け落ちていたのである。要するに憲法で保障された言論・表現の自由という、健全な社会にとっては最重要ともいえるメディアの社会的機能など、この裁判長の頭の中には一切なく、単に破廉恥な刑事犯を裁くような低レベルの目線の判決文しか書けなかったのである。

もちろん『噂の眞相』は即日控訴の手続をとったが、結局、東京高等裁判所は『噂の眞相』側が請求した証人申請もすべて却下し、何の審理もないまま地裁判決から1年後、一審判決を支持して控訴棄却をいいわたした。現在、最高裁に上告中だが、日本の裁判には大局的な憲法判断もなく、法の正義も公正さも失われている現状をみれば、多くは期待できないというのが正直な感想だ。宗像紀夫氏の個人的な怨みで狙い撃ちされみせしめ的に起訴されたという特殊事情があったとはいえ、『噂の眞相』におけるジャーナリズムの手法じたいが裁検一体の司法権力によって否定され、最終的に刑事罰を科せられるとなれば、もはやこの国には言論・表現の自由など存在しないといわざるを得ないのではないか。

とにかく日本の裁判は長い。実際、この裁判の一審判決が出たのは起訴されて公判が開始されてから約7年後の2002年、高裁判決までにはさらに1年を費やしている。休刊のメドとしていた2000年を迎えた段階で、裁判の長期化を考慮した上で、少なくとも2004年まで休刊予定を延期せざるを得ないと判断した根拠でもある。すでに書いてきたとおり、こうした裁判経過を『噂の眞相』の誌面で読者に報告する必要性があるということと、裁判と並行しながら恣意的起訴を平然と仕掛けてきた検察の腐敗体質を徹底的に批判し記事化していかなければならないと判断したこともある。

実際、起訴された直後、『噂の眞相』不当起訴の張本人である宗像紀夫氏がパチンコ業者からベトナム旅行接待などを受けている事実をスクープしたし、その後も検察幹部総ぐるみの調査活動費の不正流用をスッ破抜いたり、当時検察ナンバー2にして次期検事総長が確定的だった東京高検検事長の則定衛氏を辞任に追い込んだ女性スキャンダルなどを次々に告発し、否が応でも検察と全面対決せざるを得なくなったのである。これは反権力の信念や情念を生み出すのは往々にして権力の理不尽さや横暴への怒りが動機になっていることの実例になるかもしれない（詳しくは第六章で紹介）。

現在、裁判は最高裁に持ち込まれており、こちらとしては今や判決をひたすら待つだけの段階となった。裁判じたいはもはやヤマを越えたとの判断で、２０００年の予定から4年遅れで休刊を決め、休刊に向けたカウントダウンを開始したのである。

▼ついに休刊を告知。カウントダウンで巻き起こった一大騒動劇。

その休刊スケジュールは03年10月号の表紙に「ここに告知す！『噂眞』休刊まであと6冊！」とのコピーを打ったことからすべては開始された。それでも休刊に対しては半信半疑といった雰囲気が業界内にも読者の間にも深くただよっていた。プロレスラーやストリッパーなどによくみられる何回も引退興行を繰り返すパフォーマンスではないかとのイメージがどこかにあったのではないか。だとすると、そもそも読者が『噂の眞相』の宣言じたいを信用していなかったということになる。雑誌をつくっている側としては、かなりショックな話である。もちろん『噂眞』読者といってもさまざまな立場の人々がいるわけだから、『噂眞』からのメッセージだからといって何から何まで信用してくれるというタイプの読者だけではないことはいうまでもない。

しかし、読売新聞を皮切りにメディアにおいて「噂眞休刊の背景」といった記事が相次いだことで、やはり本気でやめるのか、という見方がだんだん定着していく。と同時に読者や関係者からの「やめるな！コール」が激しさを増していく。これまで雑誌を支持して読み続けてきたのに裏切り行為だと逆上したのか、「負け犬・オカトメを殺す！」などという物騒なファックスまで送られてきた。もちろん、『噂眞』がメディア業界内で果たしてきた役割がいかに重要だったかを滔々《とうとう》と説きつつ休刊に反対するために理路整然とした説得を試みてくる読者もたくさんいた。さすが『噂眞』読者というか、いずれも御説ごもっともな筋道の通った訴えだった。だからといって、休刊を撤回する訳にはいかなかった。昨日、今日の思いつきで決めた方針ではなく確信をもって決めたことだからだ。

それでも予想以上の休刊反対の声に押される形で、カウントダウンを始めた表紙のコピーで「これは廃刊にあらず、あくまでも休刊である」とあらためて強調せざるを得なくなった。こちらとしては最初から休刊だと宣言しているのだから、読者に対して公的な形で再確認したにすぎないのだが、逆に「『噂眞』は休刊を撤回するつもりではないのか」といううがった憶測まで流れる始末。『噂の眞相』の休刊宣言が以前からの既定の方針であったということがいまひとつ理解されていなかったようなので、あえて内幕話をしておけば、筆者も副編集長の川端幹人も、自宅マンションなどのローンはすべて完済し、さらに川端に至っては休刊後のためにデザイン会社を立ち上げて、いつでも次の仕事に移行できるように信頼できる知人夫妻に先行的にやらせていたのである。ここまで『噂の眞相』的な裏話をばらしておけば『噂眞』休刊はメディア規制がより強まったから「もうやめた」という一部でいわれたような理由ではなく、それはあくまでも結果論でしかなく、実は予定通りの休刊スケジュールであったことがよく分かってもらえるだろうと思う。

▼異例の黒字での休刊に対する他メディアからの取材攻勢。

『噂の眞相』はメディア批判も編集の柱としていた。新聞、テレビ、ラジオ、週刊誌、月刊誌などのありとあらゆる舞台裏事情を公開しつつ、メディアのあり様を問いかけて批判を投げかける訳だから、メディア側にすれば、「余計なお世話」「商売の邪魔をするな」という雑誌でもあったことになる。メディアの側にそれなりの自浄作用や自己点検能力があれば問題はないが、往々にしていい加減だったり、ご都合主義がはびこったりしている。となれば、『噂の眞相』のような、メディアをウオッチしチェックする第三者の目が必要になる。読者や視聴者だって馬鹿ではないし、メディアが発信する情報をそのまま鵜呑《うの》みにしている訳ではないが、受け手としてはメディア側にそれなりの期待と幻想もあるはずである。『噂の眞相』ですらそれはひしひしと感じたのだから、もっと影響力のあるメディアであれば当然だろう。

そして、そこにこそ『噂の眞相』の存在意義があったともいえる。メディアはどのくらい信用できるのか、その判断材料を毎月提供してくれるわけだから、メディア報道に関心のある人々にとっては、『噂の眞相』は貴重な情報源だったはずだ。それだけではなく、読者にとっては事件や社会を見る際の羅針盤の意味合いもあったようだ。そうした点を支持してくれる隠れ読者ともいうべき人々は、実はターゲットにしていたマスメディアの中にも多数いた。

同業者でもあるメディア関係者たちの『噂の眞相』に対する捉え方は一概にはいえないくらい多様だ。批判や悪口を書かれたことのあるメディア関係者のなかには感情的に「許せない」という人もいれば、タブーなき雑誌をつくり続けている『噂の眞相』に対して羨望と嫉妬からその役割を素直に認めたくないという拗《す》ね者タイプの人もいる。特にメディアを背負っている管理職や経営サイドにその傾向が強い。『噂の眞相』の存在を認めてしまえば、自分自身がやっていることじたいが生ぬるい、日和《ひよ》っていると批判されかねないという自己保身の心理も働くだろう。そんな事情もあるため、筆者もマスコミ志望の学生読者に対して、「どんな雑誌を読んでいるのか」と就職の面接官に聞かれたら、『編集会議』や『創』と答えた方がいいとアドバイスしていたくらいだ。入社したら、『噂の眞相』に情報を流すのではないか、と疑われたら採用試験で不利になりかねないからだ。

もっとも、最近は自分のところのメディアがあまりにもふがいないために『噂の眞相』やインターネットに内情を暴露することで外からプレッシャーをかけて、ジャーナリズムの活性化をはかろうという発想をもつ若い人たちも増えている。自分の匿名性を守りつつ、外圧によって状況を変えようという手法だ。皇太子が雅子妃に対する宮内庁のイジメを告白して話題となったが、かといって宮内庁記者クラブが皇太子にインタビューして宮内庁と皇太子夫妻の確執の核心をつくようなレポートを掲載することはまずありえない。結局、宮内庁記者が自分のメディアで書けない話はイギリスなどの海外メディアか、『週刊新潮』あたりに情報を流すのである。右翼団体の抗議や宮内庁に睨《にら》まれたくないという自己保身も働くのであろう。皇室の内幕記事に関しては独走的に取り上げてきた『噂の眞相』が参考までにバラしておけば、情報は入ってきてもなかなか記事にできない立場にいる宮内庁記者筋がネタもとだったということである。

今やジャーナリズムを志す若い人々にとって、せっかく高い競争率をクリアして大手メディアに就職しても、自由に取材、執筆する態勢はどんどん失われつつあるのが現状だ。メディアがジャーナリズムというよりも情報産業化しつつあり、本来の権力チェックという機能や調査報道の比重が低下しているため、自分たちが入社以前にイメージとして描いていたような仕事はできなくなっているという状況がある。そのため『噂の眞相』のジャーナリズム界における存在をどう捉えるべきかという判断を迫られた時、メディアの人間はある種の踏み絵をつきつけられることになる。それが『噂の眞相』の休刊報道ラッシュのなかにも興味深い形で現れた。休刊という事態がなければあえて『噂の眞相』に社会的な評価を下すような機会もないまま、「あの記事は面白かったけど、間違いもあった」というレベルで酒場談義していればよかった。しかし、休刊を宣言したことで、『噂の眞相』そのものを記事として取り上げるにあたり、それなりの社会的評価を下さなければならなくなったのである。

まず新聞社系の取材から具体的にみていきたい。一番早かったのが読売新聞だった。休刊を宣言した直後だったため、記事は早いだけが取り柄ともいえる典型的なトピック扱い。これは文化部女性記者の記事だったが、この記者の上司Uが以前『噂の眞相』に作家の柳美里《ユウミリ》氏との関係を書かれたことがあり、ほんとに休刊するのか、理由は何なのかという情報収集の狙いがあったのではないかというフシがあった。とはいっても後の休刊報道ラッシュの火付け役となったことは確かだし、こちらもそんなことはいちいち気にしないタイプだが、メディア取材にはそうした動機も往々にして含まれているケースが少なくない。

次が朝日新聞のメディア欄だったが、記事になるまでなぜか3カ月もかかり再取材を経ての掲載だった。それはともかく『噂の眞相』と刑事裁判で係争中の西川りゅうじん氏のコメントが併載されていたのには驚かされた。いまだ最高裁に上告中の案件であり、判決待ちの微妙な段階なのに、西川氏のコメントは「『噂の眞相』はひとつの事実を10にして書く」という趣旨のものだった。冗談ではない。こちらとしては、検察が裁判の途中で立証を放棄するという異常事態の中で、西川氏の件も95パーセント以上の立証はほぼ完璧にやってきたのだ。しかも西川氏は同時進行していた民事裁判で『噂の眞相』と和解した時点で、この刑事裁判の法廷に出てきて、「『噂の眞相』とは和解したので、告訴を取り下げて刑事処罰もいっさい求めません」と証言しており、その後は一緒に会食までやった関係である。こちらが名誉毀損で訴えても勝てるような、あまりにもデタラメで安直な西川氏の朝日でのコメントに、思わず〈やっぱり二重人格だったのか〉という言葉をつぶやいたほどだった。しかし、これはこれで朝日としては、バランスをとったつもりの記事構成なのだろう。

この朝日の記事が出た直後に遅れてはならじ、とばかりに毎日新聞が取材にやってきたのだが、『噂の眞相』に対する批判的コメントを出したのがこれまた西川りゅうじん氏だった。記事じたいはキチンとしていたのに、西川コメントでぶちこわしと思える記事だった。まともに批判できるコメンテーターは他にいないのかよ、という感じである。さらに面白かったのが産経新聞だった。産経記者は取材の前日に筆者がやった講演会まで聴きに来る熱心さだったが、記事は『噂の眞相』の経営的なコスト計算から始まり、末尾は「これは会社経営者として見事な成功を収めた岡留氏の本音だろう」となっていた。産経としては朝・毎・読と一線を画す記事をねらったのかもしれない。いわばタカ派系新聞が反権力雑誌を取り上げるのだから、それなりに社内事情をクリアするための根回しが必要だったのかもしれない。その苦労は察するにしても、これじゃどう考えてもサクセスストーリーのビジネス記事である。記者は元『正論』編集部にいたと語っていたが、その後は経済部にいたこともあるんじゃないかと思わせるような、筆者にとっては予想外のフェイント記事だった。

もっともその後に4日連続で囲み特集で連載をやった同じ産経系列の『夕刊フジ』はきわめて正攻法の記事に仕上げていたので、本体と系列ではメディアに対するメンツやプライドの持ち方が違うのかもしれない。ついでにいえば、同じ産経系列の扶桑社が発行する『週刊SPA!』には、筆者はそれ以前から幾度となく対談やコメントで登場しており、いわば協力者の一人。そのこともあってか、これまで筆者とは天敵といわれてきた福田和也氏が坪内祐三氏とレギュラーでやっている対談のゲストにまで招ばれたくらいだ。資本系列は一緒でも、まさにメディアもいろいろだというのが現場事情なのだ。

産経の記事は、どっちかといえば、日本経済新聞タッチの切り口だったわけだが、その当の日経だけはなぜか完全黙殺だった。同社を揺るがせた鶴田卓彦会長を巡る一連のスキャンダルの火付け役となった『噂の眞相』に対し、社内的な自主規制が働いたのかもしれない。鶴田氏は退任に追い込まれたものの、彼の息がかかった経営陣が残っている以上、間違っても『噂の眞相』を評価するような記事を書く訳にはいかないというのが組織人の発想だろう。実にまっとうな鶴田批判を展開して解任されたベンチャー企業担当部長だった大塚将司氏に対して、社内の良識派たちが心の中では支持しつつも結果的には彼を孤立させ、全面的にバックアップすることができなかった不甲斐なさを思えばうなずける。日経新聞がいやしくも日本の大企業をキチンと批判するジャーナリズムたらんとするならば、これは根本的に存在意義が問われる組織としての危機的スキャンダルだった。つまり、いくら現場の記者が頑張って企業取材しても、「君のところの会社にとやかくいわれる筋合いはない」といわれたらそれまでの話で、その言動に対して正面切った反論などできようもないからだ。そうした日経の記者たちのホンネは筆者も直接何人かから聞いている。もちろんこうしたことは最近ご乱心がひどくなっている読売のナベツネこと渡邉恒雄氏にもいえるし、朝日や毎日の社長にもいえる話ではある。一般企業以上に社会的影響力の強いメディア企業のトップには厳しい世間の目が向けられているということに、もっと自覚的であれということだ。

その他、東京新聞、共同通信、時事通信、北海道新聞、ジャパンタイムスなども休刊に関して記事化していたが、いずれもオーソドックスな内容で、嫌みや変なバランス感覚などとっていないところが好感を持てた。これは実際に取材に来た記者が『噂の眞相』にシンパシーを感じていたということがあったのかもしれないが、新聞メディアから珍しく率直な評価をもらえたことで、まだ新聞社や通信社も捨てたものではないな、という感想をもった。

やはり朝・毎・読といった部数の多い大手紙になればなるほど、紙面づくりに中立性やバランスをとらなければという習性が身について、結果的に何を言いたいのかよく分からない、面白みも自由な論調も影をひそめた記事になってしまうという三大紙の本質が分かりやすい形で出たというべきかもしれない。

▼フジテレビの休刊追跡ドキュメント150日の舞台裏事情。

『噂の眞相』休刊について取り上げた中で興味深かったのは、フジテレビの「NONFIX」だった。休刊宣言号を出した直後にやってきたのはテレビ制作会社SのプロデューサーO氏とディレクターK氏。休刊までの150日をドキュメント番組として取り上げたいという申し出であった。筆者はこの二人に対して最初に、「フジテレビにはこれまで放映前に2回ドタキャンされているので、フジ側の確約を取らないと番組づくりは難しいと思う」と答えた。というのも、笑福亭鶴瓶と南原清隆の「日本のよふけ」という番組で、以前、ビデオ撮りの日程まで決まっていたのに、『噂の眞相』がフジのみのもんたが司会をつとめていた「愛する二人別れる二人」にヤラセがあるという特集記事をスクープしたことでドタキャンされたことがあったからだ。もう1回はフジが自社の番組づくりを第三者にあれこれ語ってもらうという趣旨で始まった「フジテレビ批評」という早朝番組で番組開始早々のゲストに決まっていたのに、上層部から待ったがかかってドタキャンになったのである。

結局、このドキュメント番組に関してはやることが決まったものの、放映されるまでいかないのではないかと危惧していた。むろん、そうはいってもこの長期にわたる密着取材が進行するうちに、Kディレクターに対しても心を許して何でも自由に撮影してもかまわないというくらいの関係性を築き上げた。しかし、最終的に〈やっぱり〉という事態がやってきた。放映を前にしたビデオ編集の段階でフジ側からあれこれ注文がつき、番組内容は二転三転。結局、裁判中の事件や政治家のスキャンダルのタグイ、抗議がくる可能性のあるものはすべてカットする方針となった。特に、裁判中だった安倍晋三氏の取材で、安倍氏の地元の山口県に川端副編集長がKディレクターと同行取材したシーンも全面カットだった。どうやらフジテレビ政治部の意向を汲んだようだった。それだけではない。番組内で紹介される『噂の眞相』がこれまでやってきたスクープ記事のタイトル部分には、ことごとくモザイクがかけられたため、おどろおどろしいオカルト番組みたいなつくりの印象になっていた。つまり怪しい雑誌というイメージがぷんぷんと漂うつくりとなっていた。別に『噂の眞相』が怪しくないとはいわないが、この番組だけを見た『噂の眞相』の未知の読者が受け取ったイメージは、実際の雑誌とは、かなり違って伝わったのではないか。ついでにいえば『噂の眞相』批判のコメンテーターだってもっと気合を入れて探して人選して欲しかった。面白い悪口が言える大物はいくらでもいたはずである。小物すぎた印象は否めないし、こちらがみても悪口じたいが迫力に欠けた印象だった。

とはいっても、この番組が放映されたのは、『噂の眞相』の休刊号や別冊『追悼！噂の眞相』が発売された後で、編集部じたいがすでに機能停止状態だったため、筆者としては、ま、いいかのノリで終わった。とにかくテレビともなれば、新聞以上にさまざまな制約があり、自由な番組づくりというのは至難の業ということを改めて教えられた。こちらは新宿ゴールデン街でベロベロになっているシーンまで平気で撮影させるくらい協力したにもかかわらず、テレビの側が活《い》かしきれなかったのである。もっとも、それはKディレクターの責任ではなく、映像のもつインパクトの強さゆえに八方美人的にあっちもこっちも気を使わざるを得ないテレビというメディアじたいがもつ限界だろう。そのことは、やはり『噂の眞相』休刊を特集で取り上げたTBSの筑紫哲也キャスターによる『NEWS23』にも同じことがいえたので、これはテレビというメディアのもつそもそもの属性であり、限界でもあるということだろう。

その分、テレビは使い方によっては逆に怖いメディアということも実感させられた。そのことは、テレビ映像の力をフルに利用したパフォーマンスによるイメージ操作で、次々とファシズム手法による政治を推進しても、それなりの支持率を得てきた小泉政権をみれば分かる。いずれ日本もその道を歩むだろうアメリカの二大政党制による大統領選挙をみれば、さらにテレビを使ったパフォーマンスや演出の妙が、国民の支持率に直結していく傾向はますます強まっていくのかもしれない。

▼看板連載「週刊誌記者匿名座談会」が狙ったものは何だったのか。

新聞、テレビとみてきたが、最後に雑誌メディアの『噂の眞相』休刊にまつわる記事の取り上げ方をメディア研究の素材としてみていこう。雑誌は新聞やテレビに比べて資本の規模は一般的に小さい。その分、メディアとしては小回りが利くしゲリラ性もある。言論の自由という視点からいえば、新聞やテレビよりもはるかに可能性が開かれている。メディアとしても多種多様であり、いわば群雄割拠状態にある。そのため、『噂の眞相』の休刊に関してもさまざまなメディアが取り上げた。

まず、興味深かったのは、唯一取材に来なかった大手メディアは日本経済新聞だけと書いたが、その系列にある『日経マスター』や『日経ビジネス　アソシエ』は記事化したことだ。日経本体の意向とは関係なく現場レベルで企画を決めたようだったが、もはや資本の系列はあっても、編集権は本体と我々は別だという意識下にあるということだろう。

ある意味では取り上げて当然だったといえる『噂の眞相』とはそれなりに近しい関係にあった雑誌としては、『創』、『サイゾー』、『実話ゴン　ナックルズ』、『ダカーポ』、『編集会議』、『本の雑誌』、『ギャラック』、『週刊読書人』といったところが記事を組んだ。かつては協力関係にあったものの、創業者で編集委員の本多勝一氏と天敵関係になったため、黙殺状態だったのが『週刊金曜日』だった。同社には、本多氏以外に社長も編集長もいるわけだが、やはりワンマン創業者を抱えていると、自由な編集体制はなかなか築き上げることができないという証明だろう。ちなみに『金曜日』の編集委員である落合恵子、佐高信、筑紫哲也、椎名誠といった各氏たちは筆者とも長い付き合いであり、いまだに交友関係のある人たちである。筆者と本多氏だけが対立している訳だから、こういういびつな関係には周囲としても困ったものだろうが、今や筆者も引退したのだから、本多氏も『金曜日』の今後を本気で思っているならば引退した方が北村肇編集長以下のスタッフのためであると進言しておきたい（関連記事が第六章にあり）。

『金曜日』との因縁の一件はともかくとして、『噂の眞相』とは特別な関係性があった訳ではないが、『アサヒ芸能』、『フラッシュ』、『週刊実話』、『アエラ』、『論座』、『小説新潮』、『週刊特報』、『週刊SPA!』、『月刊PLAYBOY』、『インビテーション』、エトセトラ。変わったところでは台湾の『時事週刊』、香港の『サウスチャイナ・モーニングポスト』、英国の『インディペンデント』、日本の『ソープランドマガジン』なんていうところからも取材があった。一雑誌の休刊に対するこうした取材ラッツュは異例だったといってもいいだろう。もしこれが経営的な破綻による休刊や廃刊だったら、これだけのメディア取材はあり得なかったのではないか。メディア規制がますます強まって自由な言論が危機に瀕する中、あえて黒字のままに休刊していくという事実に、決して他人事ではないという深刻さをメディア側が感知したのかもしれない。

だが、それにしてはというケースもあった。『噂の眞相』と同様に政治家や官僚たちのスキャンダルを追及してきたゲリラ週刊誌ともいうべき『週刊ポスト』、『週刊現代』、『週刊文春』、『週刊新潮』、『フライデー』といったところが一切取り上げなかったことだ。どうせ他が取り上げているからという理由はあり得たにしても、である。週刊誌と月刊誌という違いはあってもスキャンダル路線としてはライバルという部分はあったかもしれない。しかし、だからといって他人事とは思えない『噂の眞相』休刊を黙殺するというのも、いささか度量のせまい話ではないか。

思い当たるフシもある。『噂の眞相』の人気連載だった「週刊誌記者匿名座談会」にその理由があるのではないかということだ。この連載は、今や日本におけるゲリラ・ジャーナリズムの代表的な存在である週刊誌に対して『噂の眞相』からのメッセージのつもりであったが、週刊誌側からすればよけいなお世話的な記述だったのかもしれない。しかし、休刊決定後にこの連載をぜひうちで引き続いてやらせてくれという申し出も同時に殺到した。『ダカーポ』、『サイゾー』、『創』、『ブブカ』、『実話ゴン ナックルズ』、『編集会議』、『財界展望』という7誌だ。少なくとも業界人にとっては注目された連載だったことが分かる話ではないか。その理由としては、外部の圧力によって記事が潰されたとか、編集長が自己保身に走り日和って無難な記事しかやらなくなった、といった知られざるメディアの裏事情が毎回掲載されていたからだろう。ネタ元は大体それらの週刊誌に所属する編集者や契約記者だから、ディープな情報ではあったとしても見当違いの記事を書いてきた訳ではない。

特に休刊寸前にやった『週刊現代』の編集長と新人女性編集者の不倫と、『週刊文春』編集長とグラビア担当の女性の不倫のスッ破抜きは何かと話題になったので、ひとこと言及しておきたい。不倫じたいは当人同士の自己責任の問題だから他人がとやかくいうことではないかもしれない。しかしそうした男女関係が編集部内で軋轢《あつれき》を生んだり、誌面づくりの上で何かと障害が出ているとなれば話は別である。よけいなお世話といわれても、『噂の眞相』としては提供された情報に基づいて誌面の上で問題提起することが週刊誌ウオッチャーとしての使命と考えてきたからである。

この二つの雑誌は部数が70万前後売れているメジャーの週刊誌である。当然、この雑誌の編集長が私人である訳がない。エンターテイメント系雑誌ならまだしも、オピニオンだって発するメディアの責任者はどう考えても公人、準公人である。しかも政治家や芸能人の不倫情報が入ればこうした雑誌は基本的に記事にするはずである。そんな編集長がつくる雑誌の記者が有名人の不倫取材に行った場合、「君のところの編集長だって同じことをやっているじゃないか」と切り返されたらどうするのか。鶴田卓彦会長が率いていた日経新聞と同じことにならないか。人を批判する立場にあるものは自らも批判されても当然という心構えがメディア側にも最低限必要ということである。

公人の代表である政治家の例でいえば、年金未納問題で相次いで辞任した前党代表の菅直人氏、党代表就任を辞退した小沢一郎氏という格好の見本がある。特に政権与党の「未納三兄弟」を徹底追及する絶好のチャンスに菅代表（当時）の未納が発覚した。これは後に社会保険庁のミスであることが分かったものの、代表の辞任は当然だった。「おまえだって未納じゃないか」といわれるのは国会論戦においては致命的なマイナスである。テレビの有名キャスターの何人かが、番組を自主的に一定期間降板したのも当然だった。そして、週刊誌の編集長という立場も基本的に同じという自覚が必要ということである。悪徳政治家や亡国の官僚のスキャンダルを追及する立場の人間にはそれだけの絶えざる緊張感や自己点検が課せられるということだ。そのことに無自覚な編集長がいれば、『噂の眞相』という週刊誌サポーターにしてチェッカー役が問題提起せざるを得ないという認識に基づいているだけで、個人的な感情など入り込む余地はない。それもこれも週刊誌に健全なゲリラ・ジャーナリズム精神がなくなれば、ワルの政治家たちがのさばるだけだから、あくまでも週刊誌はゲリラとして頑張れというメッセージなのである。そのことは、次の項で書く、仮処分を出されて危機に追い込まれた『週刊文春』に対する筆者の擁護論のスタンスにも表れているはずである。

▼『週刊文春』発売禁止処分が投げかける言論の危機を問う。

『噂の眞相』休刊号にあたる04年4月号が発売されてちょうど1週間後の3月17日、『週刊文春』の発売禁止仮処分命令が東京地裁によって出された。この仮処分が出された時点では、すでに『週刊文春』は取次会社への搬入を終えており、結果的には出荷前だった3万部のみが販売中止の対象となった。仮処分の根拠とされたのは、田中真紀子氏の長女がわずか1年で離婚していたという記事がプライバシー侵害にあたるというものだ。

これまでにも発売禁止仮処分の申し立てを裁判所が認めたケースがなかった訳ではないが、大手出版社が発行する週刊誌に対して命令が出されたのは最初のケースだった。政治家の長女の離婚はプライバシーであり報道してはいけないという裁判官の判断には大いに問題があるが、それはひとまずおくとしても、この仮処分がメディア界、特に雑誌ジャーナリズムに与えた衝撃は大きかった。憲法で保障された表現・出版の自由よりも事前検閲を優先する裁判官が遂に登場したということで、メディア規制の流れが総仕上げに入ったといった感があった。

こんな形での事前検閲が簡単に認められるようになれば、先に法令化された個人情報保護法や名誉毀損裁判における損害賠償高額化とあわせて考えても言論メディアにとっての明らかな暗黒時代への突入である。タイミングよくこうしたメディア規制に抗議するかのように休刊に踏み切った『噂の眞相』に対しても取材やコメント依頼が相次いだ。雑誌としては前代未聞ともいえる黒字休刊の理由に関して取材ラッシュがそろそろ終わりに近づいていたところに、この言論危機の時代を象徴する事件の勃発である。『噂の眞相』の休刊とも関係するような言論危機の発生により、筆者も再び取材攻勢の渦中へと巻き込まれる事態となった。前述した「週刊誌記者匿名座談会」の存在によって、『週刊文春』にいくらシカトされても、ここは立場を超えて助っ人を買って出るしかない。個人的な感情レベルで争っている場合ではないし、日本のメディアが連帯して闘わなければ、言論の自由など一夜にして吹っ飛びかねない危機的事態と判断したためだ。

もっともこの仮処分に対して文春側も当然のごとく異議を申し立てた。東京地裁が認めなかったため、さらに東京高裁に対して保全抗告して対抗した。そして高裁の判断は「記事じたいは私人に対するものでありプライバシーの侵害はあった」と認定しつつも、「出版の事前差し止めを認めるほど重大で回復困難な損害が出る恐れはない」として地裁が認めた仮処分命令を取り消したのである。一方の真紀子氏の長女側もここでメディアから総スカンを食うことはマイナスと判断したのか、最高裁への特別抗告をしなかったため、ここで高裁決定が確定したのである。問題の多いこの事前検閲は瀬戸際でかろうじて回避された形となった。文春関係者だけでなく、他の同業他誌もホッと胸をなでおろしただろうことは十分に想像できる。

しかし、田中真紀子氏の長女が「私人」であるとの認識は高裁の判断でも覆ることがなかった。その点ではメディアにとっては今後とも薄氷を踏む状態が続くことになる。この『週刊文春』事件に関して筆者への取材の中で、「『噂の眞相』だったらこのネタはどう扱ったか」という質問があった。筆者は「『噂の眞相』だったら特集ではなくコラム扱いで長女の名前はイニシャルにしたと思う」と答えた。『噂の眞相』には文春のような田中角栄以来の田中家との因縁的対決の歴史もないし、『噂眞』なら編集会議の段階で、コラム扱いにすることを即断したと思う。その理由は、最近はメディアに対して裁判所がプライバシー侵害に高いハードルを設けた判決が続発しているということもあったが、やはり真紀子氏の長女が私人ということはあり得ないとしても、公人扱いには少々無理があるだろうという認識があったためだ。

かつて森喜朗前総理の長男・祐喜が六本木の高級クラブSのホステス嬢と違法なドラッグをやっていたというスキャンダル記事を『噂の眞相』に掲載したことがあったが、それは真実性を証言してくれる強力な証言者と物証があり、さらに祐喜自身も父親の秘書を務めていた公人という立場にあったため十分に公的目的、公益性があると判断したためだ。それでも内容だけに、記事が掲載された後も、とりあえず提訴や告訴もあるかもしれないと想定はしていたが、結果的には何事もなく終わった。森サイドとしては恥ずかしいレベルのスキャンダルだから下手に反応せずに黙殺した方が得策だと判断したのだろう。この例に比べれば、田中真紀子氏の長女の離婚報道は公益性の点で、いまひとつひっかかりを感じたのである。公人とはいいがたいが、さりとて私人ともいいがたい。いわば、典型的なグレイゾーンに位置する人物だからだ。

しかし、これがアメリカのケースだったら何の問題もない記事だったといえる。意外に思われるかもしれないが、アメリカの憲法では、公共の関心に応える言論活動はプライバシー権よりも優越的に解釈されるのが慣例なのだ。したがってもっとも公共的な存在である政治家とそのファミリーの情報やスキャンダルは、有権者がその政治家自身の資質を知るためには必要な事柄と認識されている。ケネディ大統領一族に対するスキャンダル、最近ではアメリカの副大統領・チェイニーの娘のスキャンダル報道の例をあげれば十分だろう。

むろん、日本の憲法においても言論・表現の自由は明文化されているものの、公的存在の代表格である政治家に関してもメディア側にすべての立証責任を負わせたり、プライバシーの範囲を広義に解釈したり、裁判所じたいの政治家へのすり寄り傾向が見られる。戦後、自民党型の保守政権が長期にわたって連綿と続いたことで、司法、立法、行政の三権分立が馴れ合いの構図をつくり、この権力のトライアングルが相互に独立して機能するということがいつしか形骸化されてきた結果ともいえる。田中真紀子氏の長女が「純然たる私人」などという権力者に迎合したとしか思えない点数稼ぎの判断を下した東京地裁の鬼沢友直裁判官が仮処分命令を下す前に、個人的な感情で長女側に肩入れしていた事実や、この裁判官が出世コースに乗っている人物だとみなされていることでも理解できるのではないか。今や裁判官が出世するには、民主主義の理念に忠実な見識や判断能力を有するかどうかよりも、時の政権や権力サイドに立った判決をいかに巧妙に下せるかどうかであるといっても過言ではない。こんな裁判官の体制迎合の傾向が強まってきたのも、長期にわたる自民党中心の政権運営の弊害が出てきているためであり、これが日本の司法界の将来にまで暗い影を落としているのだから、憲法にも明記された言論の自由の危機はかなり根深いのだ。

▼言論封殺の仮処分攻勢に対し『週刊文春』はいかに闘うべきだったか。

田中角栄に代わって二代目の政治家になった真紀子氏、そして田中家に婿養子として入ってダンナになったのが直紀氏。その二人の長男、長女となれば、世襲制が当然のように受け入れられている日本の政界においては十分に政治家の有資格者であり、予備軍である。特に長男が勘当同然で政治家になる意思がないことを表明している以上、真紀子夫妻に不測の事態が起こった場合には長女の出馬は十分に考えられるところだ。総理在任中に倒れた小渕恵三氏の娘・優子氏にしてもまさかの仰天出馬で、あっという間に政治家となった。政治家としての能力や資質があるかどうかなど、さして重要なことではない。地盤、看板、カバンさえしっかりしていれば、極端な話、かつぐタマは誰でもいいのだ。要はシンボル的存在となれば、後は地元の後援者や支持者たちが仕切ってくれるのだ。これは、地方に多い地元利益誘導型政治の典型パターンである。

今回の田中家の場合、この長男、長女の結婚が真紀子氏の意にそぐわなかったことで親子関係がギクシャクしていたことも既に知られている事実である。これは有権者が真紀子氏という人物を評価する際の判断材料になることは明らかである。前述したようにアメリカだったら何の問題もなかったはずである。『文春』はまずこのことを記事の前振りで十分に書き込むべきだった。記事じたいに公的目的、公益性があるというトーンが全体に流れていれば、そう簡単に私人のプライバシーであるとして販売差し止め裁決は出せなかったのではないか。長女が真紀子氏の口利きで日経新聞に入社したとの話にしても、それは一般国民には縁遠い政治家としての特権を使ったコネ入社ではなかったのかどうかも究明する必要があったし、さらに長女に田中家の一員として政治活動と判断されても仕方のない行為がなかったかどうかも徹底調査すべきだった。少なくとも、今や司法界では、言論の自由の歴史的、社会的な意義に対する認識が決定的に欠如した裁判官による判決が横行する時代である。メディア情報を発信する側としても慎重かつ戦略的な誌面づくりが求められている。

そうでなければ、戦前の事前検閲に等しい販売差し止め裁決が簡単に認められるような事態を招き、週刊誌ジャーナリズムの存在そのものが危うくなるといわざるを得ない。『週刊文春』の場合には直前で事なきを得たが、仮処分による発売中止によって金銭的にも億単位の損害を被ることになりかねない。それによってメディア側に大きな言論の萎縮効果を生むことになる。そして、何よりも問題なのは、仮処分の対象とされた記事一本のせいで、他の記事もすべて読めなくなるということである。ここまでくれば、もはや立派な言論弾圧・規制のレベルとなる。

問題の記事がトンデモ系のレベルならいざしらず、たいていの週刊誌には長年にわたる雑誌づくりのノウハウがそれなりに蓄積されており、法律のプロである顧問弁護士までついて相談に乗っているのだから、度のはずれた非常識的な記事を掲載する確率はきわめて低い。『週刊文春』の仮処分を独断であっさり認め、高裁でひっくり返された鬼沢友直裁判官の重大なる誤審に対しても何らかのペナルティを科すシステムをつくらなければ、法の正義も公正も、そして国民の知る権利に応えるメディアの自由な言論活動も大きく規制されてしまう。そのことも、いま進められている司法制度改革にきちんと盛り込まれなければ、何のための司法改革かといわざるを得ない。裁判官の質の低下や目にあまる独断的裁決に誰がどう歯止めをかけるかということも、すぐれて民主主義の本質そのものが問われる重要なテーマのはずである。

▼さらに週刊誌を追いつめる東京都の不健全図書条例にみる理不尽さ。

個人情報保護法という名の「政治家スキャンダル報道禁止法」は05年4月から施行される。

これが稀代の悪法であることはいずれ明確になる時が来るはずである。どこの週刊誌が適用第1号になるか、誰がこの悪法を都合よく利用するか、大いに注目されるところだ。それに加え『週刊文春』の件では未遂に終わったが、発売禁止の仮処分というウルトラCが週刊誌に対して与えた萎縮効果は計り知れないものがある。これまでのような週刊誌のゲリラ・ジャーナリズムの手法はやがて通じなくなる時代が来ることだけは確かだろう。政権交代でもない限り、である。

そんな中で、さらに週刊誌だけでなく雑誌全体に多大な影響を与え始めているのが、04年7月1日より施行された東京都青少年健全育成条例の改正により、都に「不健全図書」の指定を受けるとコンビニなどの販路で取り扱ってもらえなくなるという危機だ。コンビニを中心に販売してきた雑誌は戦々恐々である。最大の問題は何をもって不健全と定義するのか、その基準が実に曖昧なことである。不健全と指定するための判断基準が東京都の恣意性にゆだねられている以上、メディアの側としては対処法に困るはずだ。かつての刑法175条の猥褻《わいせつ》と同じような絶大な効力を発揮することになるだろう。まさにメディアに対する伝家の宝刀を手に入れたみたいなものである。

さっそくこの事態を先取りする形でヘアーヌードの全廃を決めたのが『週刊ポスト』である。

いわゆる総合週刊誌のトップを長く走り続けてきた週刊誌の大胆な路線転換である。ライバル誌の『週刊現代』は今のところ従来どおりヘアーヌードは掲載していく方針のようだが、『ポスト』の路線転換はこの条例の狙いにまんまとはまったものといわざるを得ない。こんな弱腰では政・官の腐敗と徹底的に闘うことができるのだろうかという疑問も湧く。

日本のメディアにおいては長い間、局部のヘアーは公的な出版物においてはご法度だった。今となってはお笑い草だが、三一書房から出た大島渚監督の『愛のコリーダ』の写真集が摘発されたのもそう昔の話ではない。筆者が『噂の眞相』に連載中だった荒木経惟さんのグラビア写真で警視庁に呼び出しを食って始末書を書いたのも、せいぜい20年くらい前の話である。その後、権力の恣意性に委ねられた刑法の曖昧な基準の中で、メディアの粘り強い表現の自由の闘いを通じてヘアー解禁を勝ち取ってきたのではなかったのか。たかがヘアーという意見や、ヘアーなんか見たくないという人たちがいてもそれはいっこうに構わない。しかし、権力がヘアーは猥褻だからまかりならんなどと決めつける事態の方がよほど異常ではないか。男であれ女であれ体にヘアーがあるのは自然であり、見たい見たくないというのは個人の自由な選択ではないのか。それとまったく同じことが「不健全図書」にもいえる。複雑な現代社会においては平準化された健全という価値基準の規定は、行政が杓子定規にそう簡単に決められるものではない。例えば、ゲイやSMは不健全なのかといったことも、お上が判断するレベルの話ではないはずだ。今や風俗産業はあらゆる変態といわれるような欲望を持つ人々に対しても、合法もしくは非合法スレスレでその欲望発散の場を提供している。人類史上考えられなかった現代の都会型ストレス社会を反映した風俗現象といっていい。

そこに青少年の育成を名目に警察ではなく都という行政機関が乗り出してきたというのは、教育的見地からという趣旨があるためだろう。だったら表現の自由に対して自由裁量で介入できるこんな危険な悪法よりももっとやるべき教育や政策はいくらでもあるのではないか。タカ派で差別主義者の体質を隠さない石原慎太郎都知事のことだから、その背景には間違いなくメディア規制という魂胆があるということを、メディアはこぞってキャンペーンすべきである。「青少年」と「健全」というキーワードさえ出せば、ある種の水戸黄門の印籠のような威力を発揮するほど世の中は単純な図式でくくれるものではないはずだ。

当初は、コンビニという誰でも目につくところに置かれる雑誌は、袋とじのように、該当部分が立ち読みできない措置を手作業によってほどこしていた。「改正条例」が04年4月に都議会で決議され3カ月後の7月1日という短期間で施行されたため、印刷会社の技術的な準備が間に合わなかったためだという。1冊あたりの手間は10円から15円かかるといわれているから、出版社の経営じたいもしめつけていくだろうし、それもまたお上の最終的な狙いなのかもしれない。しかし、それすらも未成年が何らかの方法でこっそり買って持ち帰れば何の効果もないことになる。実際、東京都の狙いは逆効果で〝袋とじ〟の措置でいつもより売れ行きがよくなった雑誌もあると聞く。となれば、いずれはそんな雑誌じたいをつくるなという論議に発展しかねない。いわゆる、悪書指定とまったく同じ構図である。

雑誌の側にも自覚的な雑誌づくりが求められるのはいうまでもないが、権益拡大に走る行政のあり様も根底的に捉えなおす時期に来ているのではないのか。それこそ、ヘアーヌードもあるが、政治家や官僚のスキャンダルに関しては新聞やテレビ以上にパワーを持っている週刊誌はこの際、石原都政と徹底対決したらいい。息苦しい社会や自由な表現が規制される暗い時代を到来させないために、である。

しかし、それにしても、こうした一連のメディアを取り巻く表現規制のジワジワとした進行ぶりは凄まじい限りである。有事法制やイラクへの自衛隊派兵といったアメリカとの軍事同盟を指向する国家主義の台頭と連動したメディア統制・規制の動きであることだけは、キチンとみておく必要があるだろう。メディアに対する言論・表現の規制が強まる時、時代は確実に国家主義という名の、市民の自由をも規制していくメルクマールなのである。

第四章　スキャンダリズム講義篇

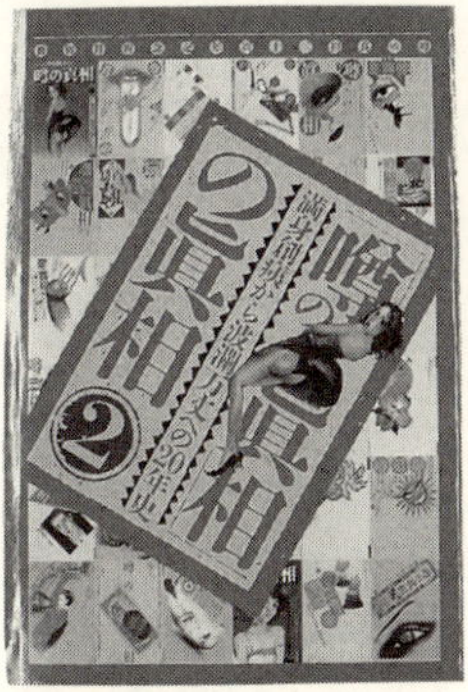

休刊を決めた
創刊20周年の記念別冊。

▼公人やオピニオンリーダーをターゲットに明るくスキャンダル路線。

『噂の眞相』は批判の対象を政治家や官僚などの権力者たる公人、世論形成に影響力のある作家や言論人などのオピニオンリーダー、芸能人やスター選手といったみなし公人の人物に限ってきた。先に書いたロス疑惑、そして和歌山カレー事件、本庄保険金殺人事件といった一般市民絡みの事件は、メディア報道の検証はやっても、事件じたいに踏み込むことは一切なかった。私人ともいうべき一般市民は最初からターゲットにしない方針をとってきたためだ。それはほっといても、警察や生命保険会社あたりのリーク情報で突っ走るメディアがあるし、『噂の眞相』があえてやるまでもないという判断だったし、一般市民の事件を扱うことは取り返しのつかない人権侵害やプライバシーの侵害に直結する可能性がより高いからだ。

『噂の眞相』にとって批判すべきはあくまでも権力であり、権威だった。それも公的目的のためのスキャンダリズム実践に限定してきた。したがって、一度誌面で問題提起する批判記事を掲載してしまえば、後はそのことじたいを忘れてしまうくらい執着しない雑誌づくりを手がけてきた。別に個人的な恨みで記事として取り上げている訳ではないし、ターゲットは次々と出てくるのだからその必要もなかった。もちろん、それでも書かれた人はいつまでも憶えていて、パーティなどで会うと、そのことに対して抗議してきたり、あれこれ釈明されたりすることはあった。もちろん、常に話題を投げかけてくれる有名人などの場合には例外としてキャンペーン的な記事の扱いをすることはあったものの、基本的にはしつこくやらないのが『噂の眞相』の流儀だった。

筆者のノー天気な性格も多分に関係しているかもしれないが、「明るくスキャンダル」というのを『噂の眞相』の一貫した雑誌づくりのモットーとした。筆者はそれを実現するために、まず編集現場を細かな規則などで縛ることなく、とにかく自由に仕事ができる現場づくりを心がけた。社長の朝礼や訓示があるような堅苦しい雰囲気の中で、のびのびとした自由な企画やスクープなどが生まれるはずがないし、ダラダラ長々の会議ほど効率が悪くストレスのたまるものはないという判断だった。

従って編集スタッフたちにも、毎月雑誌がきちんと出せさえすればあとは自由、出社退社時間も自己選択という方針だった。スタッフが少なかった初期の時代には、編集会議すらなく、マンツーマン方式でその場その場で企画を決めていた。個々の自覚と信念でいいネタを取ってくればいいし、経費は使っていいからいろんな業界の人間にどんどん会え、ということも常々語ってきた。スタッフ同士が打ち合わせやコミュニケーションをとるために時々一緒に飲むのはいいとしても、いつもつるんで愚痴を言い合うような雰囲気の会社はだいたいろくなものでないということが体験的にも分かっていたからだ。だったら、日々業界のいろんな人たちと飲んだ方が、仕事的にも人間的にも新しい刺激を受けて成長の糧になるという判断である。
時に、「現場を知らない編集長」といわれるくらいスタッフの動向も大雑把にしか把握していなかった。大体、筆者の出社時間は夕方だし、編集長室兼応接間と他のスタッフの部屋は別々だったので、1日1回も顔を合わせないスタッフも少なくなかった。もちろんスタッフに誰と会っていたか、情報源は誰かなどを報告させたこともない。裁判になったり、抗議を受けて再調査の必要がない限り、である。ルーズといえばそうなのかもしれない。しかし、筆者自身が管理されるのが嫌いなタイプなので、スタッフにもなるべく管理というシステムをつくらないように心がけてきた。一人一人のスタッフは自立してそれなりに自己責任を持ってやれという発想である。スタッフがスキャンダル雑誌づくりを前向きに、そして自由な言論として楽しむことができる現場づくりこそ、編集発行人、そしてオーナーとしての筆者のつとめと考えていたからだ。

それは誌面づくりにも表れていたはずである。後ろ向きの情念、卑しさ、暗さが誌面に見えれば、敏感な読者はすぐそれに気づき、雑誌を読まなくなる。広告を出すところはヨイショ、出さないところは叩くといった露骨な誌面づくりを見せる経済誌のつくりがまっとうな読者に支持される訳がないのだ。読者はそんなにバカではないことをつくる側も知るべきなのだ。もちろんイエロー・ジャーナリズムのように記事の裏に別の思惑などがあれば、つくる人間だけでなく誌面にまで卑しさが滲む。『噂の眞相』を意識したようなつくりをみせた『新雑誌21』、『噂』（恩田貢発行）、『あれこれ』などには、経営的な余裕がなかったという事情があったとしても、明らかに暗さや胡散《うさん》臭さが誌面に滲んでいた。その点、『噂の眞相』の場合には広告に頼る必要がなく、そうしたものは一切排除できた。しかも記事づくりにおいてタブーがなかったことが、反権力というささかアナクロ的な看板を堂々と掲げつつもどこか突き抜けた前向きの明るい雑誌づくりの現場をつくることができた最大の理由ではなかったかと思う。

せっかくスクープ情報を入手しても上層部やスポンサーの意向、あるいはマスコミ・タブーによってボツになったりすれば、現場の士気が落ちるのは当然である。やがて「どうせ頑張っても無駄」という諦めの気分や愚痴が蔓延し、編集現場にその空気が充満することにより悪循環でさらに悪くなっていく。『噂の眞相』にはそれがなかったことが救いだった。入手した情報はすべて誌面で消化し、基本的に書けないことは何もないという単純でクリーンな編集方針が現場のやる気や前向きの明るさにつながっていったのは、メディアとしては恵まれていたといえる。

そのことは、大手の組織内ジャーナリズム、特に新聞社の内情を見ればより一層鮮明になるだろう。新聞社などの組織に属する記者が取材で入手した情報のすべてを紙面化できるということはあり得ない。まず記者クラブでの協定（縛り）や社の方針で制約を受ける。さらに男女関係のスキャンダルなどはメディアの性格からして報道できない。やはり山崎拓や中川秀直の女性スキャンダルなどは、政治家の人格に関する報道で有権者に提供すべき有意義な情報という側面がありながら、日本のメディアは週刊誌でなければ書けないのが実情だ。

これはもはや伝説的な話だが、『文藝春秋』が田中角栄の金脈・人脈を暴露して永田町を震《しん》撼《かん》させた時、新聞記者たちは、「そんなこと皆知っていたことだ」と開き直ったことがあった。事情を知る関係者から失笑を買ったことはいうまでもない。もし知っていたならば、さっさと記事化すればよかっただけの話だ。上層部への配慮や政治部からの圧力、そして権力者サイドをネタ元にしているという関係などから、新聞社としてはそもそも書けないために、取材すらしていなかっただけなのである。せっかく優秀な成績で難関の新聞社に入社したとしても、実際の現場を体験すれば、理想と現実の間には大きなギャップがあることに気づかされる。そこでストレスを感じて、ハレンチ事件を起こす新聞記者の例も少なくない。そう考えると、『噂の眞相』のスタッフは自由な体制の中で記事が書けるという、メディアとしてはきわめて恵まれた条件下にあったといえる。そして、結果として、これから書いていく大手メディアにはできなかった数々のタブーへの挑戦という実績につながっていったのである。

▼メディア側が率先して自主規制するために書けないタブー領域。

雑誌創刊の際、筆者が『噂の眞相』というネーミングをつけたのは、スキャンダル・ゴシップ雑誌の先達ともいうべき『噂』と『眞相』をヒントにしたためである。『噂』は流行作家だった梶山季之氏（故人）が71年7月に創刊した〝マスコミ・文壇ゴシップ誌〟と銘打った雑誌だった。しかし、作家である梶山氏が仲間うちでもある作家たちの批判や私生活を面白おかしく、時には辛辣《しんらつ》にバクロすることには自ずと限界があった。作家や文壇関係者の話がだんだん内輪向けとなり、一般読者へと部数が広がる方向にはならなかったからだ。一部の熱心な読者をつかむことには成功したが、結局、梶山氏が私財を投入する趣味的雑誌にとどまり、このユニークな雑誌『噂』は74年2月に休刊になった。

一方の『眞相』は戦後の46年、人民社の佐和慶太郎氏によって創刊されたバクロ雑誌である。佐和氏は、雑誌の表紙に戦争で荒廃した日本各地を帽子を振って行幸して歩く昭和天皇の顔写真を箒にすげ替えるというコラージュのイラストを載せた。さらに特集記事の中でも、最近のメディアでは信じがたいような天皇家のスキャンダル記事を掲載し続けたが、最終的には政治家たちによる集団名誉毀損訴訟を起こされ、雑誌は潰されたのである。『眞相』は、戦争が終わり、それまでの軍国主義による言論統制に対する積もり積もった鬱憤《うつぷん》を晴らすかのように、いっせいに創刊されたカストリ雑誌群の中で、もっとも過激なバクロ雑誌だった。カストリ雑誌は戦争直後の物不足のせいで、紙じたいも不足していたために製本・印刷ともに粗末なつくりだったが、そのエネルギーだけは凄まじいものがあった。戦争で封じ込められていた自由な精神を一挙に爆発させたかのようだった。

特に『眞相』は戦後の日本にとって解放軍だったアメリカのGHQ政策にピッタリはまった編集路線だった。しかしそれはつかの間の話で、やがて平和憲法を押し付けたはずのアメリカは、朝鮮戦争の勃発で日本に対して警察予備隊という名の自衛隊の前身組織をつくらせて、対ソ連、対中国という反共シフト陣営の一員として日本を育て上げる必要に迫られたのである。アメリカはそれまでの対日占領政策を大転換して、民主主義万々歳を謳歌していた戦後の日本に逆にブレーキをかける役まわりに転換した。それまで、『眞相』がやっていた天皇から政財界への過激な切り込みは、日本の民主化と軍国主義復活を阻止しうる言論活動として容認していたはずのGHQが方針を大転換させたことで、梯子《はしご》をはずされた恰好になったのだ。アメリカのご都合主義、ダブルスタンダードは歴史的な筋金入りの戦略だったことを教えてくれると同時に、『眞相』はそのトバッチリを受けて休刊に追い込まれていったのである。

この二つの雑誌の名前を一つにして、その精神を引き継いだのが79年創刊の『噂の眞相』だった。天皇制批判はもちろん、作家批判という二つのメディア・タブーのジャンルを引き継いだのは当然の成り行きだった。特に売れっこや大御所といわれる作家たちのスキャンダルや批判記事は、現在のマスコミにおいても根強いタブーとなっている。かつて菊池寛が創刊した頃の『文藝春秋』などにおいても、作家のゴシップ記事が誌面で頻繁に取り上げられていた時代もあった。だが、それも70年代初めまでで、次第に出版社が巨大化して商業主義化を強めるにつれて、売れっこ作家の稼ぎが出版社の経営を支える大きな収益源となり、作家批判はいつしかタブー域に閉じ込められていった。それに加えて、80年代に数多く出版された女性誌やファッション誌、モノマガジンなどが創刊されたという事情も影響した。この手の雑誌には、売れっこや有名作家というビッグ・ネームが必要不可欠であり、もしこうした人たちの批判記事でも書こうものならば、連載執筆やインタビューに応じてもらえない可能性がある。そこから自主規制が進行し、作家タブーはますます強くなっていったのである。

『噂の眞相』は創刊当初からこうしたメディアのあり様に大きな疑問を持っていた。世論に大きな影響を与える言論人でもある作家や文化人についてより詳しく知るためには、作品やメディアの上だけでなく、男女関係を含めた私生活までのアプローチがどうしても必要になってくる。あえてプライバシーにまで踏み込まなければ、作家の本質に迫る研究は中途半端に終わらざるを得ない。それは明治以来の文豪たちの例を出せば一目瞭然だろう。愛人とともに自殺した有島武郎や太宰治、「火宅の人」である檀一雄、そして夏目漱石の癇癪《かんしゃく》もち、妻を佐藤春夫に譲った谷崎潤一郎、三島由紀夫の男色嗜好など、さすが大作家たちは人間研究のネタが豊富であるという他はない。

もしこうした文豪たちの私生活にまつわる情報が後世にまったく知られていなかったら、現在の作家研究、そして日本の文学史を論じる上では違う内容と方向性になっていたのではないか。うわべの作家像をなぞっただけでは、その作家の本質や作品の背景も浅い理解にとどまってしまう。その意味では作品を広く世に問う作家が、批判やプライバシーを公開されることに目くじらをたてるようでは、さっさと作家という自己表現活動をやめた方がいいといいたい。作品はその作家の人間性の反映なのだから、最初から〝書かれてなんぼ〟というくらいの度量の広さと決意が必要な仕事ではないのかというのが、『噂の眞相』の認識だった。

▼文壇や論壇で実力をもつ大御所作家がタブー化される図式。

さらに権威主義的な意味でタブー化していったケースもある。ノーベル賞作家の大江健三郎氏や文壇ボスの代名詞をもつ大御所の丸谷才一氏、カリスマ評論家の吉本隆明氏などがこの代表格だろう。もしこれらの大御所を批判すれば、当人はもとより彼らの側近や影響下にある作家などから反発を買い、最悪の場合には執筆拒否という事態になりかねない。またこうした批判に対し、「版権を引き上げる」などという「最終兵器」ともいえる切り札を持ち出される可能性だってある。かつて灰谷健次郎氏が、新潮社が発行する雑誌の少年犯罪に関する記事の扱いを批判して、同社から版権を引き上げたケースもあった。こういう事態を避けるために、大方のメディアにとって作家・文化人批判は基本的に自主規制の対象であり、暗黙のタブーとなっているのだ。

そして文壇の権威に関するタブーの背景には、文壇イベントである文学賞に対する政治力学や利権分配ともいうべきシステムがある場合も多い。その代表的存在として、文壇の実力者・丸谷才一氏の例があげられるだろう。丸谷氏は90年代初めから主要文学賞の選考委員を多数つとめており、賞じたいが欲しい若手作家だけでなく選考委員という文壇内での名誉職や利権の配分に食い込みたい中堅作家までが、次々と彼の周辺に集まっていったといわれる。いわゆる文壇の実力者を中心とした文壇ヒエラルキーとでもいうべき存在で、江藤淳氏などもこのケースに入るだろう。特に丸谷氏の場合には、出版社から新聞社の経営トップにまで大きな影響力をもっていたため、93年に出版された丸谷氏の話題作『女ざかり』を批判した若手文芸評論家の富岡幸一郎氏に対し、出版社経由で圧力がかけられるという事件もあった。この一件は『噂の眞相』でも取り上げたことがあるが、これに類する売れっこ作家による有形無形の圧力は時に現場の編集者たちの人事面にも及んだというエピソードも少なくない。

週刊誌スキャンダリズムの老舗でもあり、スタンスとしては保守系タカ派の傾向をもつ『週刊新潮』ですら、共産党シンパながらも流行作家だった故・松本清張氏に配慮して一切の批判をやらなかった。タカ派系週刊誌の『週刊新潮』を発行する立場に立てば、このドル箱作家は「好ましくない思想の持ち主」として批判の対象だったはずだ。しかし、老舗文芸出版社である新潮社にとっては、商業主義の論理からこの作家のスキャンダルや批判は書けなかったのである。大御所の松本清張氏を実名で正面切って批判した唯一の例外は、筆者が記憶する限り、故・竹中労氏ぐらいのものだった。それくらい権力・権威を持っていたのである。

こうした文壇タブーの中、『噂の眞相』では創刊以来、数々の文壇スクープを独走的にものにしてきた。村上龍、村上春樹、五木寛之、沢木耕太郎、遠藤周作、赤川次郎、渡辺淳一、林真理子、山田詠美、吉本ばなな、柳美里などほとんどの売れっこ作家諸氏に関する記事を取り上げた。作家によっては、編集部が直接抗議を受けたり、他メディアで反論されたりもしたが、『噂の眞相』の文壇もの記事というジャンルが定着するうちに、「『噂の眞相』に書かれたら一人前」といった声や「自分たちも表現者として仕事をしているのだから、批判されても当然」といったまっとうな意見も多く聞かれるようになった。また『噂の眞相』の休刊が決定してからホッと胸をなで下ろし「これで、ゴシップやスキャンダル記事を書く雑誌はなくなった」と喜んだ作家もいた。その反面、「今後は文壇記事が読めないのが寂しい」と当の文壇関係者にいわれたこともあった。休刊直後に自殺した鷺沢萠氏、その後の森村桂氏の自殺の真相についても、その理由についてよく質問を受けた。このことは、休刊になったことで、文壇タブーに挑戦し続けてきた『噂の眞相』の存在価値があらためて再認識されたということかもしれない。

文壇ものを取り上げてきて、印象的だった作家のケースについてひとつだけ書いておきたい。それは創刊から4年が経った83年12月号に掲載した作家・生島治郎氏（故人）の再婚スクープ写真である。流行作家の小泉喜美子氏（故人）と離婚して10年ほど経っていた生島氏が、韓国出身の女性と極秘再婚していたことをキャッチし、自宅に張り込み取材を敢行した上で、生島夫人の写真撮影に成功してグラビア頁でスクープとして掲載した。この記事が出た直後、生島氏本人は激怒していたというが、『噂の眞相』としては「激怒するのではなく、作家としてこの再婚の話を自ら作品として書くべきではないか」と氏に誌面でアピールしたことがあった。それから数年後に生島氏が作品として発表したのが『片翼だけの天使』だった。

これは川崎のソープ嬢だった韓国人女性に恋をした作家が結婚に至るまでを描いた生島氏自

身の物語であり、その後映画化されたこともあってベストセラーとなり、氏の代表作になった。このように、スキャンダルを自ら逆手に取った生島氏の作家としての姿勢も、『噂の眞相』の記事がそのきっかけをつくったことを思うと何とも感慨深い。またその後、韓国人妻がよそに愛人をつくって家出した際、自宅に取材に行った『噂の眞相』記者に対し、生島氏は怒りつつも「そのことはいずれ自分で書く！」と宣言したこともあった。『噂の眞相』は文壇人をゴシップのネタにすることで、文壇じたいをより活気づかせる役割の一端を果たしてきたと考えている。芸能人が芸能ジャーナリズムとの相乗効果によってより活気づいたことと同様に、である。事実、生島氏はその妻の浮気話に関しても作品化しており、それからまもなくして2002年に帰らぬ人となった。『噂の眞相』的にいえば、生島氏は実に作家らしい作家だったといえる。

▼カストリ雑誌『眞相』から学んだ天皇制に対する報道の姿勢。

『眞相』が果敢にチャレンジした天皇タブーは、『噂の眞相』にとっても避けては通れないテーマだった。すでに書いたように『噂の眞相』は天皇タブーに触れて廃刊の危機に追い込まれたこともあったし、この後の第六章でも出てくるが右翼団体員二名が編集室を襲撃して流血の惨事となったこともあった。それは雅子妃が皇室に嫁いだ直後から、他のメディアに先駆けて不妊治療から出産事情まで雅子妃ウオッチャーを続けてきた『噂の眞相』としては、あってもおかしくはない事件だった。そして、『噂の眞相』が休刊した後、皇太子が記者会見の場で皇室の内情に関することを公表するという一幕があった。これまでだったらあり得ない皇室タブーを、皇太子自らバクロしたのである。あきらかに宮内庁役人と思われる相手に対して、「(雅子妃の)キャリアや人格を否定する動きがあった」と国民に向けての異例の意思表示だった。

雅子妃が帯状疱疹で療養が必要との発表はあったが、その後も御用邸ではなく小和田家の別荘に長期滞在するなど異例ずくめだった。今では、雅子妃が精神面において患っているのは適応障害という病名が正式に発表されているが、強迫性障害、不安精神症など別の病名もいまだに取り沙汰されている。

原因は男児出産のプレッシャー、公園デビューが2回だけで打ち切られたことによる育児ノイローゼなどが囁《ささや》かれ、気の早い向きには別居、離婚説まで取り沙汰された。「自分が責任を持ってお守りします」といって〝三顧の礼〟でお妃に迎えた皇太子にしてみれば、雅子妃を皇室外交から遠ざけて精神的に追い込んだ宮内庁に対し、怒りをぶつけたくなるのも当然なのかもしれない。これまでの人格を主張してはいけない国民の象徴たる皇室、しかも次の天皇となる皇太子の衝撃的な肉声は、ある面での〝人間宣言〟だったといえなくもない。
この皇太子の発言に対して、当初はいつもの通り、欧米メディアが日本の皇室と宮内庁の前近代的体質を手厳しく批判していた。しかし、今回は皇室ものには強い『週刊新潮』だけではなく、『週刊文春』、月刊『文藝春秋』、『週刊現代』、『週刊ポスト』などもこの問題を取り上げた。皇太子の衝撃発言に触発されて、意を強くしたのかもしれない。

この一件に絡んで、真偽不明の興味深い話も流れた。皇太子夫妻は以前から『噂の眞相』を読んでおり、断片的ながら夫妻の意を代弁する形で宮内庁の官僚体質を批判する雑誌として注目していたというのだ。そして話は、『噂の眞相』が休刊したことで自分たちの気持ちを代弁してくれるメディアがなくなったので、皇太子が意を決して遂に宮内庁に反旗を翻したのではないか——と続く。確かに雅子妃に関して『噂の眞相』は婚約段階から記事でフォローしてきた。そのプロセスで不妊治療の主治医だった堤治東大教授が研究費を私物化している実態を摑《つか》んでスクープしたり、雅子妃を敬称抜きで報じたことで右翼に襲撃された事件がテレビや新聞でも報道されたこともあり、雑誌の存在じたいを皇太子夫妻が知っていた可能性は十分にあり得るはずだ。知り合いの宮内庁記者にそのことを確認してみたら、直接聞いたことはないが、その可能性は十分にあるとの見解が返ってきた。むろん、その真偽のほどは菊のカーテンの向こう側の話なのでこれ以上は確認すべくもないが、閉ざされた世界ほどこの手の都市伝説は生まれるという一例でもあるだろう。

ともあれ、『噂の眞相』創刊のヒントを与えてくれた雑誌『眞相』が潰れてから半世紀にわたり、日本の皇室が真正面からスキャンダラスに取り上げられることはまったくといっていいほどなくなった。そして61年の右翼少年の殺人テロにつながった中央公論社の「風流夢譚」事件以降、深沢七郎氏（故人）が執筆した風刺レベルの小説すらもまったく影を潜め、メディアの上ではいつしか皇室は聖域となった。テレビ番組の「皇室アルバム」や女性週刊誌の「おいたわしや、美智子妃殿下」というタグイの記事は別としてもである。そんな中での皇太子の人間宣言の肉声は国民とメディアに対する苛立《いらだ》ちの挑発ではなかったのか。これは女帝容認というレベルで解決されない、人間としての尊厳にかかわるヒューマンなテーマを孕《はら》んでいるという想像力を国民も働かせてみるべきではないのか。

戦前の天皇は明治の大日本帝国憲法により、三権に関する統帥権をもつ現人神《あらひとがみ》として祀《まつ》り上げられ、日本国家統合・支配のシステムとして、軍部や財閥資本に徹底的に利用された。それは国民に対しても同様に徹底した万能の神として君臨し絶大な権威を発揮した。その結果、「大日本帝国臣民」に多大な悲劇と犠牲を強いたのは周知の通りだ。戦後、戦勝国・アメリカは、日本の戦争放棄と引き換えに天皇制を象徴として存続させた。しかし、天皇を象徴として祀り上げ、その支配システムを利用するという日本の国家支配のやり方は、戦前も戦後も本質的に同じである。戦前の近代天皇制のもとでつくられた皇室典範にしても、戦後の新憲法を機に民主化されはしなかった。歴史的には女帝は存在したし、これを男子に限るとしたのは明治以降の話であり、戦前の皇室典範は現憲法下でも基本的にそのまま生き続けているのだ。

天皇家の血の連続や国家的な神道の儀式を生まれながらに強いられる天皇も皇太子も姓をもたないし、基本的に私有財産を持てない。当然のように国民に与えられる選挙権といった権利すらもない。ヨーロッパの王室をよく知る皇太子が、もっと自由で人間的な開かれた皇室を切望しても、ひたすら法規と慣習を踏襲することだけに長《た》けた宮内庁役人によって封じ込められる。皇太子の雅子妃に対する人格否定発言に続いて、愛娘《まなむすめ》・愛子さんの声つきの映像を初公開した一件にしても、皇太子夫妻の宮内庁に対する抵抗であるとともに、人間としての悲痛な叫びの発信ではないかと思えてならない。

では、こうした皇室の置かれた現状をどう打開していけばいいのか。そのひとつの方策として、天皇家にも人間としての権利を法的にも認めるために、憲法じたいを改正するのである。憲法改正といえば、第9条の武力放棄を捨てて自衛隊を軍隊として明記し集団的自衛権を認めようという意見ばかりが幅を利かせている。日米軍事同盟を名実ともに機能させ、世界中いつでもどこでも戦争ができる体制をつくろうというものだ。そうなれば、いくら象徴とはいえ、またまた天皇家は戦争に利用されるだけの存在となる。なにしろ、天皇が戦争反対といった意見を述べることは許されないし、仮に発言したとしても、それが反映されるシステムにはなっていない。やはり、こんな非合理的で没主体的な存在を押しつけることじたい、非人間的だし、民主主義の理念にも決定的に反するのではないか。皇太子も雅子妃も心底そう思っているのではないかと想像し、一度くらい本人たちにホンネを聞いてみるという発想が必要ではないのか。

皇室タブーにチャレンジしてきた筆者の体験からいえば、皇室は国民の象徴という憲法の枠から解放して、一般国民としての権利を獲得して京都に移り住み、宗教法人として神道の伝統的儀式を執り行う方向性こそが、現行の天皇制システムの延長、もしくは発展解消としてもっとも民主的で合理的システムではないかと提言したい。皇室の民営化といいかえてもいい。

国家支配の原理として近代日本がつくりあげた天皇制のシステムは、いまや皇室も人間として自然体で生きられる方向性で広く論議されるべき段階にきているのではないか。いや、現状はそうでないとしても、そうした方向性で広く国民的規模の論議を展開することこそ、近代国家としてのあるべき英知ではないだろうか。せめて、イギリスのロイヤルファミリー程度には、である。

▼北朝鮮拉致被害者報道でみえた日本のメディアの翼賛体質。

これまで書いてきたように、『噂眞』イズムに基づいたタブーなき自由なメディアを指向してきた『噂の眞相』が、休刊が近くなってからキャンペーンとして特に力を入れて取り組んだのが、イラク戦争を仕掛けたアメリカのブッシュとネオコン人脈の野望を暴き続けたことだった。もちろんブッシュの忠犬役を務めた小泉政権に対する批判も含めてである。そして、もう一つのキャンペーンが、北朝鮮の拉致被害者を巡る報道に対して、徹底的にその舞台裏を暴き続けたことだった。それというのも、日本のメディアは国家権力が強権的に介入しなくても、いとも簡単に戦時中のような翼賛報道を繰り広げる体質をもっていることを示した典型的な事例だったからだ。これはメディア研究の素材になると同時に、『噂の眞相』イズムとは何だったかということもよく分かる実践的なキャンペーンの格好の事例だった。

小泉総理の第二次訪朝によって、曽我ひとみさんと北朝鮮に亡命していたジェンキンスさんと娘二人がインドネシアのジャカルタで再会し、劇的な帰国を果たした。これで、蓮池、地村、曽我さん3家族の全員がそろって帰ってきたことになる。そして、東京女子医大から米軍基地に「収容」されたジェンキンスさんをアメリカが脱走兵としてどういう形で訴追するか注目されていた。結果は、禁固30日という実刑で不名誉除隊という政治決着がはかられたのは周知の通り。まだ10人の拉致被害者の生死を含めた行方をはっきりさせるという今後の課題は依然残されているが、まずは時系列に沿ってこの報道の異常ぶりを振り返って検証しておきたい。

2002年9月17日の小泉純一郎首相の歴史的な訪朝を機に日本中に巻き起こったのが、「北朝鮮拉致被害者」に関する過熱報道だった。特に小泉訪朝から約1カ月後、25年ぶりに5人の拉致被害者が帰国するや、彼らの一挙手一投足に日本中が注目し、各マスコミは多数の記者を配置し、帰国した被害者たちの動向を報じ続けた。もちろん、「家族会」や「救う会」関係者も連日テレビに登場し、活字メディアでも彼らの発言が連日のように報道された。その様子はまさにメディアの狂乱報道というべき事態となった。しかも、その報道は次第に異常な対北朝鮮バッシングと強硬制裁路線へとひた走っていく。それは拉致被害者の「家族会」や「救う会」の意向に沿う形で、よりヒステリックなものになっていった。同時に彼らに関する皇室報道並のタブー化も始まった。ジャカルタで、遂に曽我ひとみさんに対して一部で「曽我の宮」と揶揄《やゆ》する声があがるまで、一切の批判を封じた報道統制の流れは続いた。

報道がこれほどまでに極端な流れになった最大の理由が、拉致被害者個別の直接取材が禁止され、記者クラブ方式でコントロールされたためだ。そのため、拉致被害者たちの動向は家族会や救う会からの情報に全面的に頼らざるを得ない状況になり、彼らの機嫌を損ねないように十分に配慮した形での報道が開始された。もし彼らの機嫌を損なって取材拒否されれば、拉致被害者の動向に関する情報が一切入ってこなくなることを恐れ、メディアはひたすら彼らに擦り寄り作戦を開始し、各マスコミが競って群がったのである。その結果、批判精神は一切かなぐり捨てて「救う会」や「家族会」の大本営報道へとなだれ込んでいったのである。

その傾向は、横田めぐみさんの娘であるキム・ヘギョンさんインタビューに対するバッシング報道で最高潮となった。小泉訪朝から2カ月、めぐみさんに娘が存在したという情報で、フジテレビ、朝日新聞、毎日新聞が共同で平壌《ピョンヤン》においてインタビューを行ったが、直後からこの3社に対し大バッシングの嵐が巻き起こった。その直後には今度は曽我ひとみさんの家族へのインタビューを行った『週刊金曜日』、続いて同じく曽我さんの夫・ジェンキンスさんのインタビューを行ったTBS、共同通信にも同様のバッシングが起こった。それは家族会や救う会の意に沿わない報道をすれば、まるで国賊扱いされるという恐るべきバッシングだった。

一般的に、メディアは機会があればどこへ行っても取材するのが社会的使命のはずである。それがたとえ仕組まれたものであったり、何らかの政治的背景があることにうすうす気づいたとしても、それはチャンスと捉えてチャレンジすべきである。もし政治的背景があったとすれば、そのことを報道の中できちんと出せばいいし、インタビューのテクニックで乗り切る知恵があればいいだけの話である。たとえ相手がフセインだろうと金正日《キムジョンイル》だろうと、あるいはウサマ・ビンラディンであろうとも、ジャーナリズムはインタビューのチャンスがあれば基本的にチャレンジすべきである。『噂の眞相』でもこの大バッシングの後、それまでインタビューに1回も登場していなかった蓮池さんか地村さんの子供たちに平壌で接触しようと、編集部でその可能性を本気で検討したくらいである。

メディアによるお門違いの最たるものが、被害者本人である地村夫妻インタビューを掲載した『週刊朝日』へのバッシング報道だった。協定破りの抜け駆け取材をやったというのがその理由だ。このバッシングはまさに熾烈を極め、一時は雑誌じたいが休刊寸前にまで追い込まれるのではないかと囁かれたほどだ。幸いにも休刊という最悪の事態だけは免れたが、『週刊朝日』の担当編集者だけでなく、出版本部長まで更迭される異常事態となった。

そしてこの一連のバッシング騒動の中でクローズアップされた人物が、拉致被害者の蓮池薫さんの兄であり家族会の事務局長の蓮池透氏だった。透氏は小泉訪朝直後から、「マスコミが出すぎたことをするな」「北へ経済制裁を！」といった強硬発言を繰り返し、気に食わないマスコミに出入り禁止をいいわたしたり、暴言としか思えない言動を繰り返したが、取材拒否を恐れたマスコミはそれでも透氏に唯々諾々と従い、ひたすら沈黙を守った。また後に金銭不祥事が発覚した救う会の陰の仕掛け人・佐藤勝巳現代コリア研究所所長は、「日本は核武装すべき」などという誇大妄想的な主張までしていたが、それに対してたしなめたり批判するどころか、同調する風を装ったメディアも少なくなかった。まさに佐藤氏らが敵視していた北朝鮮の金正日体制を思わせる言論統制状況という他はない異常事態だった。もともと、この佐藤氏は北朝鮮とはきわめて密接な関係にあり、顕彰されたこともある人物だと思えば、それも理解しやすい体質の持ち主ということが、よく分かるのではないか。

▼『噂の眞相』イズムによる「救う会」「家族会」への批判。

拉致被害者という、人道的にはこれ以上ない決定的切り札を手にした家族会、救う会の強大な影響力に対し、日本政府も彼らの顔色を窺《うかが》うようになり、外交に介入して外務省を牛耳るような勢いを見せた。いったん北朝鮮に帰す約束だった拉致被害者を、日本にとどめたのもこのグループの意向だった。北に一回もどしたら二度と日本に帰れないというのがその理由だった。だったら、当時の中山参与とか安倍晋三氏あたりが5人の帰国者と平壌空港まで同行して子供たちも一緒に連れて帰ればすぐにでも解決したはずだ。北朝鮮もそういうメッセージを発していたはずだし、まさか北朝鮮が日本の政府高官まで平壌に「拉致」することなどありえないだろう。仮にそんなことがあれば間違いなく国際問題に発展するし、逆に安倍晋三氏は一躍ヒーローにもなれたはずである。

もっとも、こうした対北朝鮮強硬グループと共同歩調をとった安倍晋三官房副長官（当時）には、最初からその気はなかったのだろう。安倍晋三氏のホンネは金正日打倒なくして日朝国交正常化はありえないという立場である。日朝国交樹立を政治家としての実績と人気取りの手段としかみない小泉総理とは、明らかに路線が違う。家族会や救う会のパワーを背景に拉致問題のオピニオンリーダーとして核武装まで口にして大向こうをうならすようなタカ派発言こそが自らの権力を強めていく途だというのが安倍氏の発想である。祖父・岸信介のＤＮＡとでもいうべき、タカ派的権力指向の思想である。

問題は、こうした安倍氏のようなタカ派を先頭にした真珠湾攻撃前夜のような勇ましい発言が飛び交う異常事態に対し、批判を口にするメディアはほとんどなく、自ら拉致問題という新たなマスコミ・タブーをつくり出していったことだ。こうしたメディアの横並び感覚の自主規制によって批判精神をなくした日本のジャーナリズムに対し、『噂の眞相』は毎号のようにこのタブーに切り込んでいった。小泉訪朝直後の02年11月号では「謎だった北朝鮮の拉致認定ショックで日本列島を襲った不快な動きを検証！」という記事を手始めに、「北朝鮮拉致フィーバー報道の舞台裏を徹底検証！」（02年12月号）、「反北朝鮮世論操作の『救う会』の最終目的は武力制圧だ！」（03年1月号）といった特集記事を組んだ。

そして物議をかもしたのが「北朝鮮強硬派安倍晋三の危険なルーツと背後関係」（03年2月号）、「北朝鮮外交で強硬派をリードする蓮池透の危険思想」（03年6月号）の記事だった。安倍氏に関しては、拉致問題のヒーローと持ち上げられている裏側には当人の巧妙なマスコミ操作による世論の誘導があったことや、強硬発言の裏には下関の韓国系パチンコ業者との利権関係があったことを指摘した。安倍氏は拉致問題のキーパーソンでもある官房副長官として、番記者を集めた「マスコミ懇談会」を開催。そこで巧妙なオフレコによるリーク作戦を駆使し、マスコミ操作をやっていた実態をズバリスッ破抜いたのだ。それが気に食わなかったのか、安倍氏は『噂の眞相』を民事提訴してきた（最終的には休刊直前に和解で決着）。

こうした『噂の眞相』の一連の拉致問題記事は、メディアの一部でも評価された。溜飲を下げたという声もあった。実際、救う会に関するさまざまな情報を入手しても報道できないというジレンマを現場記者たちが抱えていたためだ。「取材記者は皆知っているけど書けないんです」と言って『噂の眞相』に情報提供してくれた記者もいた。蓮池透氏のマスクで顔を隠しての馬券場通いや地村保さんに恋人ができたというグラビア記事も、どうということのないほほえましいエピソードにすぎないはずだが、どのメディアも一切やらなかったので『噂の眞相』がやったのである。この地村さんの記事だけは『噂の眞相』が発売された後に他誌も追撃していたが、直撃取材を受けた地村さん本人がこの事実をあっさり認めたため、がっくりきた記者の様子が誌面の文体にも出ており、気の毒で笑えたくらいだった。

第五章　『噂の眞相』イズム闘争篇

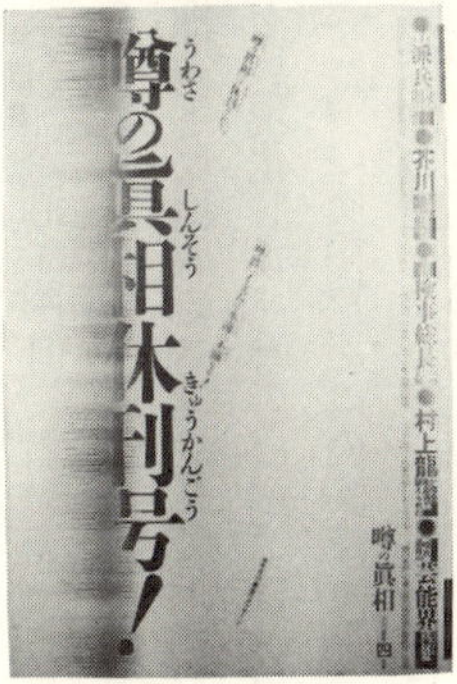

2004年４月号で
遂に黒字のままに休刊！

▼硬派スキャンダリズムとヒューマン・インタレストの二本立て編集。

『噂の真相』といえば、政治家や検察・警察といった権力に対するスキャンダリズム路線のイメージが強いかもしれない。むろん、それは否定しないしまったくその通りだが、もうひとつの重要な柱はヒューマン・インタレストである。雑誌ジャーナリズムの中で、『噂の眞相』に近い反権力のスタンスをとっている雑誌といえば、『世界』や『週刊金曜日』ということになるだろう。しかし、両誌ともに、『噂の眞相』のようなスキャンダリズムとヒューマン・インタレストという二本柱のつくり方は意識されていない。反権力・反権威のスタンスで、なおかつスキャンダリズムとヒューマン・インタレストの二本柱を具現化した『噂の眞相』は独自のジャーナリズムの分野をつくり出し、それを実践してきた。『噂の眞相』がこの両誌と違って、国民雑誌とも呼ばれる『文藝春秋』に次ぐ月刊総合誌部数第二位の座を長く維持しえたのは、この二本柱を徹底して実践した結果だと考えている。雑誌はいくら正しいことが書いてあっても、やはり文章や内容じたいが面白くなければ、商業雑誌としての成功はおぼつかない。『世界』にしても日本の戦後史においてオピニオンリーダーとしての役割を果たしてきたことは確かだが、それは岩波書店が「進歩」「リベラル」「左翼」というスタンスのブランドを確立したことによって刊行し続けることができたのである。しかし、時代状況が大きく変わった現在、

『世界』は部数がジリ貧となり、採算ラインを大きく下回っている。それでも岩波というブランドを守るためには、たとえ赤字であっても休刊する訳にはいかないのだ。同じことは、『中央公論』や『新潮45』『現代』といった大手出版社の発行する総合雑誌にもいえる。いずれも雑誌単体としては採算割れ状態だが、その出版社の看板としてのイメージを守り、時に連載ものを単行本にしていくという二次使用の目的で存続していたりする。

つまり月刊総合雑誌というジャンルはもはや時代からいえば、過去のものである。これだけテンポの早い時代に硬派の論文を主体にしたつくりの雑誌は読者の需要じたいが低くなっているといわざるを得ない。『正論』『諸君！』といったタカ派系のオピニオン誌も憲法改正や有事法制、イラクへの自衛隊派兵といった右よりの風が吹く時代状況下にあるとはいえ、読者の需要はそれほど多くはない。筆者が75年に『マスコミ評論』創刊を手がけた時、すでに総会屋系といわれた『現代の眼』や『流動』といった新左翼系の総合誌は長期低落傾向に入っていた。筆者もその頃から「これからは評論よりもルポやノンフィクションの時代だ」と認識し、公言していたほどである。日本における論壇誌はすでに70年代中期には衰退し一部インテリ層の支持しかなくなっていたのは、『朝日ジャーナル』の存在が象徴的だった。

『噂の眞相』はこうした状況下で、月刊誌にもかかわらず週刊誌的つくりを心がけてきた。印刷工程は変えられないため、内容をなるべく最新情報で埋めるという努力を心がけた。この方針に沿ってもっとも活用できたのが見開きの左端に掲載していた極太32文字の「一行情報」だった。この一行情報は校了日の前日でも誌面にギリギリ突っ込めるため、筆者は校了前日の夜中は必ず新宿ゴールデン街の行きつけの店の「夜回り」が欠かせなかった。実際に夜回りから帰ってきて一杯やっている知り合いの新聞記者や週刊誌記者に対し、筆者自身が逆に夜回りをかけて最新情報を入手しようという作戦である。それを誌面に滑り込みセーフで入れることによって、週刊誌にも引けを取らない情報の速報性を印象づけることができた。雑誌をつくる側は常に読者の側に一歩踏み込んでサービスするという気持ちが必要であり、それが結局は読者層の拡大につながるはずだ。

連載執筆者などの編集部にとっての「治外法権」的原稿は別にしても、自社原稿ならばぎりぎりの段階で新情報が突っ込める。『噂の眞相』の誌面で具体的にいえば、トップコラム「うわさの真相」や「週刊誌記者匿名座談会」「メディア㊢最前線」「文壇事情」といったページである。これだけでも新しい情報を盛り込んでいけば、月刊誌であっても賞味期限の切れた雑誌という印象から少しでも脱却できるはずなのである。ところが、そうした努力すらしないで、十年一日のような雑誌づくりを続けている総合誌が圧倒的に多いというのが実情である。『週刊読書人』に「総合雑誌レーダー」というコーナーがある。総合雑誌発売の1週間から10日くらい前に次号特集の予告が出るコーナーだ。そこには『噂の眞相』の分も掲載されていたが、他誌の予告も出るので「どこかすごい特集をやってないかな」と毎月注目して見ていたが、これは読まなくちゃと思わせるものはほとんどなかった。今や書店の総合雑誌コーナーの売り場を探すことすら大変で、目立たずひっそりとした寂しい場所に置かれている現状もやむなしである。

やはり、ビビッドな話題を面白く分かりやすく伝える雑誌として、つくる側のサービス精神が読者にはっきりとした形で伝わるようにしなければ、確実に衰退していく分野という他はない。『噂の眞相』の休刊によって、この総合雑誌コーナーが一段と寂しくなるだろうという感想を述べた業界関係者がいた。少なくともこれまでは毎月10日になれば、都市型の書店においては、『文藝春秋』と『噂の眞相』が並んでドーンと平積みされるというシーンがあったが、それがなくなって活気が失せるという解説だった。確かに、評論ではなくルポ記事や読み物を中心とした『文藝春秋』の路線に近い『新潮45』の中瀬ゆかり編集長のイケイケの活躍ぶりにしても、今のところ大幅な部数増には至っていない。やはり競合誌がひしめきあうような状況をつくることこそが、このコーナーを活気づかせる唯一の方策だろう。

結局のところ、小資本のミニコミ誌としてスタートした『噂の眞相』が都市型書店において伝統ある国民雑誌のチャンピオン『文藝春秋』にかろうじて拮抗しうるようになったのは、評論ではなくルポ記事によるスキャンダリズムと、ヒューマン・インタレストに基づいた面白雑誌づくりに対する思い入れとチャレンジ精神の成果だったということに尽きるだろう。

▼付き合いのある文化人や執筆者たちとのスタンスの取り方。

『噂の眞相』イズムとして書きとめておきたいのが、時に協力者でもあったり、あるいは過去にそうであった作家や評論家、ノンフィクション作家たちとの付き合い方である。「『噂の眞相』は時に付き合いがあってもバッサリ斬る、義理もない非情な雑誌」といわれたこともあった。確かに、そうしたケースは実際に何回かあったし、そのことじたいは否定しない。

例えば、テレビのコメンテーターとしても活躍している『日刊ゲンダイ』の二木啓孝氏、評論家の高野孟氏、ノンフィクションライターの猪瀬直樹氏、生江有二氏といった人たちもかつては『噂の眞相』の執筆協力者だった。本多勝一氏もそうした一人に入るだろう。だが、『噂の眞相』的にいえば、あえて批判に踏み切った理由はそれなりにはっきりしているのである。一言でいえばこうした人たちに対して、それぞれ事情は微妙に違うものの、ジャーナリストとしてのスタンスに疑問を感じたためである。『噂眞』イズムとしては〈いかがなものか〉という認識で批判に踏み切っただけの話である。基本的に権力に擦り寄ることに痛痒《つうよう》を感じないような臆面《おくめん》もないジャーナリストや胡散臭い人物と交友があってそれをヨイショするような人物は、批判すべきだというのが『噂の眞相』の認識であり、雑誌づくりのスタンスだった。

ジャーナリズムは常に相互批判の関係にあるべきで、いくら協力者だからといって馴れ合いはメディアのあり様としてはマイナス材料にしかならないという『噂眞』イズムに基づく対処法を実践し続けただけの話である。そのことによって、怒りを買って絶縁関係になった人もいれば、その後に相互理解が進んで、関係性が復活した人もいる。『噂の眞相』が記事を書いたことで抗議してきた人の中には「同業者同士じゃないか」といってきた出版社の経営者や「同県人じゃないか、仲良くしよう」と懐柔してきた経済誌の編集長がいたのには驚かされた。そんな感覚こそがメディアをダメにしていく元凶であり、筆者がもっとも忌み嫌ってきたことである。

こうした『噂の眞相』のスタンスからいえば、もともと創刊時からのレギュラー的な協力者で、その後も休刊に至るまでつかず離れずの付き合いがあった田原総一朗氏などは興味深い対象だった。『週刊新潮』が「キャスター誕生！　田原総一朗」として短期集中連載のトップバッターとして取り上げたくらいだから、大物には違いないからだ。

筆者が田原氏に編集者として初めて仕事を依頼したのは、まだテレビ東京が東京12チャンネルと称していた時代だった。当時、この局のディレクターだった田原氏のところに原稿を取りに行くと、本人は席に不在だったため、ちょうど春闘で赤い腕章を腕に巻いた小倉智昭氏（現在フジテレビ・ワイドショーの司会者）が親切に対応してくれたことをよく憶えている。小倉氏はこの頃、この局のアナウンサーとして男向けの深夜番組を担当していたので、筆者も顔をみてすぐ分かったのである。田原氏とは、その頃からの付き合いであり、後に同局をやめてフリーとなって、今日のテレビ司会者として活躍するようになるプロセスも身近で見守ってきた。田原氏には休刊前にも『噂の眞相』でシビアなインタビューをさせてもらったこともあるし、逆に筆者が『朝まで生テレビ』に出演したこともある。自称とはいえ、筆者は田原ウオッチャーの第一人者のつもりである。その筆者が田原氏についてズバリ辛口で分析することで、『噂の眞相』のスタンスが鮮明になると思うので、ここで、ひとつの実例として取り上げてみたい。

まず、前提としておきたいのは、田原氏は永田町や霞ヶ関を舞台にしたテレビにおける猛獣使いや狂言回しのエンターテイナーではなく、ジャーナリストや評論家を名乗っている立場にあることだ。今や『朝まで生テレビ』や『サンデープロジェクト』というオピニオン形成に多大な影響力を持つテレビ番組の司会者であり、陰の仕掛け人でもある。これらの番組の功績は十分に認識しているつもりだが、しかし最近の田原氏はゲストや論者に理想やビジョンを語らせることが少なくなり、「つまらない」といって発言をさえぎる場面が多くなった。バランス上、討論には共産党や社民党などの議員たちも顔を連ねている訳だが、田原氏は正直すぎるためか、基本的に関心がないという本音が表情からも垣間見える時がある。そのことからも分かるように田原氏は稀代の現実至上主義者の立場から、司会役として討論じたいを一定の方向に誘導していく裁量権をもつ仕切り役の立場にある。『噂の眞相』が田原氏との個人的付き合いとは別に批判する際の最大のポイントがそこにある。

基本的に田原氏にとって興味のあるのは自分が抱えている問題意識の範囲内なので、政権担当の自民党幹部や官僚、親米派の学者や外交評論家が語る具体的な方策を中心に興味を示す傾向が強い。内々でこうした面々と普段から勉強会を開いている関係上、当然といえば当然なのだろう。人脈も政治家から財界人まで多彩である。まさにマルクスのいう「存在が意識を規定していく」という典型的ケースといっていいだろう。田原氏のお得意のフレーズだった、「対案を出せ!」と野党に迫る手口は結局のところ、現実政治や現政権の容認にならざるを得ない。歴史的な社会党解体も彼の功績だったといえば過大評価かもしれないが、年金問題でも自民・公明のデタラメなやり口に対する批判よりも、民主党に数字を出して具体的法案を出せとしきりに迫っているシーンもあった。政権党に対してすら基礎資料を隠すような社会保険庁が、野党に正直に資料を出すはずがないではないか。田原ウオッチャーの立場からみれば、田原氏は単に民主党にイチャモンをつけているようにしかみえなかった。
そして決定的な問題は、田原氏は政治家と金の問題にほとんど関心を示さないことだ。田原氏にとっては、まず政治家を自分の番組にひっぱり出すことが最大の関心なのか、金権腐敗体質を追及しているシーンなど滅多にお目にかかれない。政治家が嫌がるようなことを聞いたらそもそもテレビに出てくれなくなるし、政治には金がかかるんだから、そんなことを追及するより政局の話が大切とでも思っているかのようである。実際、田原氏が政治番組を仕切っている間も金権政治は不滅だった。日歯連の1億円献金事件にしても、橋本龍太郎、青木幹雄、野中広務、村岡兼造といった錚々たる橋本派の面々が疑惑人として登場していたはずだ。ジャーナリストならば、インタビューの格好のターゲットではなかったのか。

田原氏がそう思わなかったとすれば、延々と変わらない自民党の金権体質を放置したまま、視聴者の関心を政局や政策にシフトさせることで、相も変わらぬ自民党政治家の金権腐敗や社会保険庁に代表される利権を吸い尽くす官僚の跋扈《ばっこ》を結果的に容認していることにならないのか。日本の将来を託されているはずの小泉首相にしても襟を正すべき場面で「人生いろいろ」などと、ごまかしと開き直り発言で責任逃れに走る。範を示すべき一国の総理大臣がこの調子では、他の政治家や官僚が反省すべきところを逆に開き直って真似をするのも当然ではないか。

さらに、こんな日本のリーダーを見て育った子供たちが社会的責任感や公共心のかけらもない人間になったり、平然と殺人を犯すような人間の尊厳を解しない少年少女たちを生み出している社会背景になっていないのか。すぐにマジ切れするストレス社会に生きる子供たちを、小泉政権はどうやって教育していくつもりなのか、田原氏はぜひそうした点も直撃して聞き出して欲しいものだ。もっとも、時にマジ切れする小泉首相のことだから、別の意味で少年少女たちに大人として手本をみせているつもりなのかも知れないが。

こうしたリーダーとしての資質を欠く倫理なき政治家たちの人間性を正面切って批判しない田原氏は、少なくとも筆者からみれば、ジャーナリストとはいえないのではないか。せいぜいが、永田町のフィクサーか視聴率狙いの単なる面白がり司会者とみられても仕方がない。だったら、それに応える意味で山崎拓に外交・防衛政策を聞く前に、変態スキャンダルの一件で軽くジャブを放つくらいのセンスをぜひみせてほしいものである。田原氏が自覚的かどうかは別にしても、氏がもっともシンパシーを感じていると思われる政治家・小泉純一郎はまさにその現実至上主義の途を独裁的に進めている政治家である。田原氏は小泉の個人的な相談役も買って出ていると聞く。田原氏の奥さんだった節子さんの葬儀の折にも、小泉総理は駆けつけていたほどだ。確かに就任当時は、歴代の総理に比べれば新しいタイプの政治家で、何かやってくれそうな雰囲気はあった。好意的にみれば、自民党をぶっ潰すと語った小泉総理と田原氏には共通の思いがあったのかもしれない。

しかし、その後の経過を見れば、とても田原氏がサポーター役をつとめるようなタマではなかったことは明らかになったはずである。田原氏の責任というわけではないが、小泉総理は世界を圧倒的な軍事力で支配しようとするアメリカ・ブッシュ大統領と一体化した対米追従のあまり、亡国的な戦争準備法案の数々を自民・公明の数の力で押し切ったり、さらに欠陥だらけの年金法案も審議打ち切りで強行採決するなどやりたい放題の危険な政治家だ。イラクでの多国籍軍参加に至っては、世界に誇るべき平和憲法の理念をはるかに踏み越えて、国会論議や国民的合意などお構いなしのファシズム的手法をみせてくれた。『噂の眞相』の立場からみてさらに決定的だったのは、田原氏とは師弟関係ともいえる同じ小泉支持の猪瀬直樹氏ともども、稀代の悪法「個人情報保護法」に強くダメ出しして小泉本人を説得しなかった点だ。二人ともジャーナリズムの重要性を十分に認識しているはずだし、田原氏が（猪瀬氏もだが）、それでもまだ小泉支持だというならば、その理由をぜひこちらが一度インタビューしてみたいくらいだ。もしそうでないというなら、何でも自由に発言できる立場にある田原氏ならば、「小泉政権をぶっ潰さなくては、日本の将来は危険だ」くらいのことを番組内で公言してみたらどうか。隠れ小泉の御用評論家という汚名をそそぐためにも、である。

一見良識派の顔をしたタイプから学者を経て大臣になった竹中平蔵氏まで、『朝まで生テレビ』などによく顔を出す親米派の外交評論家諸氏の現実至上主義が永田町や霞ヶ関を跋扈するさまは、『噂の眞相』的にいえばあさましい現世利益と目先の名声だけを求める面々の蠢《うごめ》きにしか見えない。いやしくもインテリゲンチャと呼ばれるような知識人や学者は卑俗にまみれることなく、大所高所から国や権力が誤った進路を取ることがないように、歴史の流れを冷徹に分析して、絶えず「ノー！」を発する役回りを担うことが、職業としての倫理であっていいのではないか。例えば、姜尚中《カンサンジュン》氏や藤原帰一氏のような具体的な学者の名前をあげてもいい。田原氏にそこまで期待するつもりはないが、少なくとも今の田原氏は小泉政権の露払い役にしかみえないというのが『噂眞』イズムからみた率直な見解である。

▼スキャンダリズム路線にとって雑誌広告の意味するものとは。

スキャンダリズムを徹底して実践するにはいくつかの条件を確立することが必要である。そのひとつが広告収入に依存しない雑誌刊行のスタイルをつくることだ。『噂の眞相』においては全収入の9割以上が販売収入で、広告主もほとんどが風俗系や出版広告で占められていた。いわゆる一流大手企業といわれるところの広告は皆無に近かった。これは、いわゆる『噂の眞相』創刊2年目の皇室ポルノ事件によって、大手広告主がいっせいに手を引いたための後遺症でもある。しかし『噂の眞相』にとっては、このことが結果的にスキャンダリズムを駆使したタブーなき雑誌づくりの原動力となった。その反面、マイナーの風俗系広告の申し込みが多くなったために、高校教師の読者からは生徒に雑誌購読を薦められないという苦情や批判もあった。「性差万別」を連載してもらった斎藤美奈子さんにも顔をしかめられた。しかし、それでも自由な言論の行使には影響のないこうしたマイナー系広告の方がはるかにましではないか、というのが筆者の見解だった。特に雑誌広告の中で料金が一番高い裏表紙は、創刊10周年を迎えた直後から『噂の眞相』の一読者だったというビレッジセンターの中村満社長が買い切りの永久広告主になってくれたことは大きかった。中村氏は誌面に口出ししたことなど一度もなかった。もし、中村氏がいなくて裏表紙が毎号埋まらなかったと仮定すれば、広告料金からいってもある程度大手の広告主に頼らざるを得なかっただろう。それを考えれば、ビレッジセンターは『噂の眞相』の広告主としては実に理想的な存在だった。

スキャンダリズム路線の雑誌としては、広告主タブーをつくらないということは基本的な条件でもある。『暮しの手帖』のようなポリシーに基づいて広告を入れない雑誌や、同人誌、補助金付の研究誌などは別として、今や読者の側も雑誌に広告が入っているからといって抵抗を感じることはまったくない時代である。とはいえ、問題はその先である。広告は経営面では大いに貢献してくれるだけに、メディア側が広告に対してキチンとした認識をもって対応しているかどうかである。広告といえども、メディア側にとっては社会的な倫理が確実に問われる局面が出てくるからだ。

それだけではない。広告が入ることで、その広告主がメディアにとってタブーになりかねないケースもある。女性雑誌のような直接オピニオンを発することのないメディアでも、大手メーカーの商品やダイエット商品の批判記事を手控えてしまうケースがある。広告依存の高い雑誌ほど経営じたいを左右しかねないから、なおさらその傾向が強くなる。『噂の眞相』がマスコミ・タブーとして検察・警察や天皇制などと共に広告主や大手広告会社の電通をあげているのは、そのためである。電通は世界一の規模を誇る広告会社だが、広告主から委託された莫大な広告費を新聞、テレビ、ラジオ、大手の雑誌に配分する企業としてのパワーをもっているため、存在じたいがマスコミ・タブーと化している。

こうした電通や広告主絡みで『噂の眞相』的にいって、もっとも問題となるのが、『週刊現代』、『週刊ポスト』、『週刊文春』、『週刊新潮』といったスキャンダリズムがお家芸の週刊誌の場合である。政治家、官僚、文化人、芸能人、スポーツ選手といったターゲットの他に大企業という広告主もスキャンダル記事の対象とせざるをえない誌面構成だからだ。これらの大手週刊誌は1号あたり5000万円以上の広告収入を得ている場合もあるために、経営的にタブーの構図に搦《から》め取られかねない。ジャーナリズムのあり様に関しては、編集部門と広告部門の間に多少の温度差はあるものの、ゲリラ系週刊誌の編集部がいくら踏ん張っても最終的には出版社全体としての資本の論理に収斂《しゅうれん》されざるを得ないケースも多々ある。一見怖いもの知らずに見える大手週刊誌といえども商業雑誌である以上、こうしたアキレス腱を抱えている。それでも、週刊誌の側にもこうした基本矛盾を抱えているという自覚があるうちはまだ救いがあるかもしれない。週刊誌記者と筆者が情報交換している際に、大手企業のネタを振っても、「うちじゃ、たぶん無理ですよ」という率直な返事が返ってくることが多いのも実情なのだ。

さらに、最近のビジュアル系雑誌の中には最初から広告主ありきで、読者は二の次で読者不在といっていいような雑誌も多い。読者よりも広告主に重点を置いたつくりの雑誌である。しかも、ビジュアル系雑誌は最初に写真やデザインありきで、残りのスペースに文章をはめ込んでいく制作方法になるため、あくまでも活字優先というつくりがどうしてもおろそかになる面がある。さらに、入稿から印刷工程を経て店頭に並ぶまでの期間が長いため、週刊誌のようなビビッドな誌面づくりができにくいということもある。紙質も立派な分、重くて持ち運びしたいが大変なので、読者も通勤途中に気軽に買うという訳にはいかないという難点もある。

かつて『微笑』という女性向けの隔週刊誌があった。この雑誌は赤裸々ともいえるSEX特集が売り物だった。編集長は後に、『女が分からないでメシが食えるか』などのベストセラー本を書いた桜井秀勲氏。世の良識派が眉をひそめるような過激な内容だったため、女性読者は書店で立ち読みできなくて、こっそり買って家で読んでいるといわれたものである。この雑誌は過激なSEX記事が普通の週刊誌でも読めるようになった時代の流れもあって、最終的に休刊となった。『微笑』が性の解放につながったかどうかは評価が分かれるところだとしても、女性自身に向けての肉体や性器の知識、解放の面においては多大な貢献をした雑誌だった。女性雑誌ながら、『微笑』のつくりは、広告主に眉をひそめられつつも、あくまでも読者あっての雑誌というつくり方に徹していたことは、最近のビジュアル系雑誌や女性誌には見られない雑誌づくりの基本や原点を守っていたといっていい。

『噂の眞相』はこの『微笑』同様に、ある面では家でこっそり読むタイプの雑誌だった。『噂の眞相』は同業者や関係者の批判記事が頻繁に登場するため、メディア関係者にとっては会社や同僚の前では堂々とは読みづらい雰囲気があったかもしれない。下手にネタ元と疑われたくないために、周囲に気を使っていた側面もあっただろう。特に『噂の眞相』が市民権を確立する以前の初期の頃はその傾向が強かった。『噂の眞相』の名物連載となった「週刊誌記者匿名座談会」の内容を巡って週刊誌編集部内で、「誰が情報を流しているか、犯人を探せ！」という命令が下ったという声がそれこそ年中行事のように聞こえてきた。しかし、社会的な評価が定着するにつれて、いつしかそれもだんだんなくなっていった。

『噂の眞相』は前述したようなビジュアル系雑誌とはまったく無縁のつくりだったが、広告そのものは毎月掲載していた。これは『噂の眞相』といえども広告がまったく入っていないと、雑誌というイメージにならないという筆者の認識があったためである。硬派記事の後に風俗1頁広告が挟み込まれることによって、息抜きになる。H系の風俗広告も見方によっては現代という世相を映す鏡であり、雑誌づくりの上でも意識しているヒューマン・インタレストにつながる広告による情報提供という判断もあった。例えば、硬派記事の誌面が延々続くようなつくりの雑誌だと『現代思想』、『情況』、『インパクション』のような誌面が固定化したイメージになる。反権力スキャンダルもあれば、風俗記事もH系広告も混在する、あくまでも雑誌は雑なのではないかというのが筆者の発想だった。読者自身も雑誌と単行本とは基本的につくり方が違うことを理解しており、読者がそれぞれのメディアに求めるものも自ずと違うはずである。

雑誌の特性は単行本と違って、戦後のカストリ雑誌のようなシンプルな体裁で真ん中で折り曲げてポケットにも突っ込めるというのが筆者のイメージである。その上、速報性や活字本来のパワーを活用できるというメリットもあるはずだ。『噂の眞相』が使用していたカストリ雑誌を暗示させるザラ紙も、ヒューマン・インタレストが滲むような記事づくりにフィットしていたと考えている。小資本のミニコミ誌としてスタートしただけに、率直にいえば経費節減を優先した結果にすぎなかったわけだが、雑誌としてはいずれもプラスに作用したのはラッキーだった。もっとも、『噂の眞相』の紙質は「中質のザラ」という種類だが、時代とともにだんだん需要がなくなり、生産じたいが中止となっていった。年々入手が困難となり最後にはアメリカから輸入した紙に頼っていたというのが〝眞相〟である。『噂の眞相』がいきなり真っ白な厚めの上質紙に切り替えたらあまりにもイメージが変わりすぎるだろうと判断して、印刷会社と用紙の仕入れ先に無理をいって何とか調達してきた。最初は単にコスト削減で選んだ紙質が、最後は皮肉なことに入手困難な用紙となり、結果的にコストアップとなった。それでも雑誌のイメージは守り続けざるを得なかったというわけである。

▼雑誌づくりの仕事は抗議に対するアフターケアまで含めて重要。

雑誌メディアを発行する以上、必ずといっていいくらいつきまとうのが発売後のリアクションである。記事を書かれた当事者からは、電話での怒りの抗議、内容証明の送付、民事提訴の訴状、刑事告訴による警察や検察からの呼び出しまでさまざまだ。『噂の眞相』はスキャンダリズムの手法をとっているだけに、書かれた方の怒りはより強くなる傾向が強い。さらにヒューマン・インタレストに基づいた雑誌づくりのために、時にぎりぎりまでプライバシーに踏み込んだ記事を書くケースも多い。

公人や準公人の場合には公的目的や公益性があれば、名誉毀損にはならないことになっている。公人といえば、政治家や官僚のことを指すわけだが、こうした人たちは国民の代表として税金から報酬をもらい、政治や行政を負託されている立場である。その分、国民の監視にさらされて当然であり、メディアがそれを代行するという関係性にある。つまり、国民の知る権利に応えるための情報を発することがメディアの社会的責務であり、それが結局のところ読者に期待され、支持を得ることにもつながる。

ところが、最近はこうした公人や準公人に対する記事に対しても司法の判断が厳しくなっている。名誉毀損の損害賠償額も、社会的地位のある公人ほど高いという逆転した判例が定着してきている。おまけに個人情報保護法に代表されるメディア規制も、明らかに政治家のスキャンダルを封じ込めようという狙いが隠されている。メディアを取り巻くこうした状況は、結局、国民や読者の知る権利を奪うことになり、健全な民主主義とは明らかに逆行する。これは森政権を引き継いだ小泉政治の新国家主義への道と官僚丸投げ政治の必然的結果である。

それはそれとしても、雑誌メディアを発行する以上、書かれた側のリアクションに対して誠実に対応することは、メディアとしての社会的責務である。インターネット「2ちゃんねる」のように何でもありの情報垂れ流しに対して、「僕には関係ない」というポーズをとる「管理人」の西村博之君のような訳にはいかないのだ。もっとも、最近は相次いで訴訟を起こされたことで、筆者も西村君に直接アドバイスしたことがあるが、やはり悪質な書き込みは削除するなどの対応を取り始めたと聞く。インターネットといえども、メディアである以上、管理人に社会的責任が問われるのは当然なのだ。

最近は、こうした抗議に対して大手のメディアの場合には広報などの専門の部署が対応するところも多くなっているが、『噂の眞相』の場合はほとんど筆者か副編集長が直接対応するようにしてきた。とにかく書かれた側の言い分をじっくり聞くことが何よりも先決である。その上で、対処法を考える。確実な誤解や間違いがあれば、誌面の「おわび」であれ、内々の詫び状であれ、速やかに対応する。お詫びすることに躊躇《ちゅうちょ》やプライドなど一切いらない、という謙虚な態度が必要である。

1億円の小切手を日歯連の臼田会長から受け取った平成研の橋本龍太郎や、三福不動産会社に仕事をしなくても給料をもらい厚生年金保険料まで払ってもらっていたことが発覚した小泉純一郎のように、謝るということを知らない居丈高な政治家タイプの人間には編集者はつとまらない。人間だから誰しも時にケアレスミスもあるし、間違うこともある。その時、どういさぎよく対処するか、人間の器量そのものが問われているといっていい。

編集者は大切な連載執筆者に対しては、時に「マスコミ芸者」にもなれるキャパシティが必要なのだ。偉そうにするヒマがあったら接客のセンスを磨いた方が数段ましというくらいの心構えが必要な仕事だ、というのが筆者の持論である。実際、『噂の眞相』でさんざんネタにさせてもらった岩井志麻子、中村うさぎ、西原理恵子という強力パワーの三人組に呼び出されてホストクラブで接待させられたこともある。岩井さんにはお詫びがわりにディープキスをさせられたり、乳首をいじられたこともある。筆者などまだいい方で、矢来町にある某大手出版社編集者などは岩井さんに、「男体盛り、せんかい!」と命じられて上半身裸で横になっておなかに刺身を並べられていたこともある。それを岩井さんが割りバシを使っておいしそうに食べるのである。これだって、岩井志麻子の原稿欲しさゆえの編集者としての涙ぐましい努力なのだ。それに比べれば、間違った記事を書いた時にはすぐ謝ることなど当然の話である。

▼内容証明や配達証明による抗議への対処法から裁判対策の実際。

筆者が抗議を受けた場合、記事じたいに間違いがあることが判明すれば、即、その場で謝罪文を書くし、間違っていなくても時と場合によっては、相手の立場を慮《おもんぱか》って一筆書いてあげたこともある。こちらは批判や悪口を書いている立場なのだから、抗議があった場合には相手が感情を害していることは間違いないだろうという前提で応対する。実際、こちらがちゃんと話を聞くだけで、満足して納得しつつ帰っていったケースもあった。有名人ほど「俺もつらいんだよ。分かってくれよ」というホンネを漏らす人が多かった。

次は、出した文書が郵便局に記録として残る内容証明に対する対処法だ。内容じたいの記録は郵便局には残らないが、郵便物が相手に確実に届いたという記録を残す配達証明というケースもある。これらは経験を積むことによってノウハウがだんだん分かってくる。いくら腕のいい名医でも、研修医時代には注射を打つという初歩的なことから経験し学んでいくはずだ。弁護士だって司法修習生の時代には、実際の経験がない限り、内容証明に対する的確な返事を書くことすらも難しいだろう。

筆者は長く編集発行人をつとめてきたため、雑誌が出るたびに内容証明や配達証明をもらうという経験を積んできた。何せ、多い時には月に5、6通は届くのだ。そのおかげで、内容証明の返事を書くポイントやコツを覚えることができた。今では内容証明対策のプロを自称しているくらいである。出版社によっては、広報部や総務部の部署や専属の顧問弁護士に任せているところもあるようだが、『噂の眞相』の場合には基本的に顧問弁護士に頼ることなく、筆者と副編集長で手分けしてやってきた。顧問弁護士に対しては何もなくても月10万円は顧問料を払っていた訳だから、内容証明の返事くらいは頼むこともできただろう。それをやらなかったのは、弁護料の節約という理由だけではなかった。

これはあくまでケースバイケースということが前提だが、最初から弁護士マターにすることで逆効果になりかねないこともあるからだ。実際にトラブルの発端となった記事をつくっている編集者自身が、相手に顔が見えるような対応をした方が、交渉はスムーズにいくことも多かった。相手にも、事を荒立てずに解決する意思があるということをメディア側が伝えることは大事なのだ。もちろん弁護士を介さない内容証明のやりとりは、仮に交渉がこじれた場合には裁判資料としても使われるだけに、常にそのことを意識して文章化しなければ、自ら墓穴を掘ってしまいかねない。この点は細心の注意が必要だ。〝生兵法は怪我のもと〟である。もちろん強気一辺倒でもダメだし、相手にどこかに救いをつくっておくことがポイントである。どんな争いごとにも、どこかに落としどころをつくらざるを得ないのは世の常である。

仮に怒り心頭に発した人物が送りつけてきた内容証明に対し、味も素っ気もない法律文書で回答したらブチ切れて本訴に及んでくることもあるはずだ。これは実際によくあるケースだが、弁護士同士になるとプライドや弁舌の争いになり、思わぬ方向にエスカレートしていくことがある。よくいえば自分に自信や強い信念があるということになるかもしれないが、悪くいえば学生時代から司法試験一筋で勉強して弁護士になり、社会人や組織人としての経験を積んでいないことの弊害とでもいおうか。仕事柄、弁護士との付き合いは多いし、手元にある名刺だけで200枚は軽く超えている。その経験からいっても、依頼人の意思と関係ないレベルの弁護士同士の闘いになったケースもけっこう見聞している。特に若手のオタク系弁護士にその傾向が強いという実例もある。

とにかく法律的文章は論理的な整合性はあるにしても、面白みはゼロである。法曹にかかわる人々は別にしても、それ以外の人々にとっては何らかの形で裁判にでもかかわらない限り、一生接しなくてもいい文体である。その分、使い方が大事で、一歩使い方を間違うと感情的な反発を招いてしまう冷徹さをもつ文体でもある。

『噂の眞相』の場合、話し合いによる解決に至らずに、民事裁判になったものも25年間で40件は軽く超えている。メディアをつくる立場からいえば、裁判ほど後ろ向きのエネルギーを使うものはない。嫌なことはすぐ忘れる主義の筆者が、正確な裁判の数をおぼえていないのはそのためである。メディアを出し続ける以上、これも必ず引き受けざるを得ない社会的責務であることは当然だが、ストレスをなるべくためないという知恵を持つのもまた人間だ。それでも、民事裁判の場合には極端化していえば、最初に代理人弁護士を選任する段階で委任状と裁判費用の着手金さえ払えば、裁判のための証拠提出の仕事はあるにせよ、1回も法廷に出なくてもすむケースも少なくない。

厄介なのは刑事告訴の場合である。『噂の眞相』も刑事告訴された経験は10件以上ある。仮に自分で一切書いていない持ち込み原稿や、編集部がタッチできない連載であっても、編集発行人は必ず被疑者となり、もし起訴される事態になれば被告人となる。しかも告訴状が出される場所により、取調べを受ける所も変わってくるし、告訴が受理された以上、どんなに忙しくても出頭要請から逃れるわけにはいかない。それくらい雑誌を発行することに対しては社会的責任が課せられているのだ。

『噂の眞相』の場合、一番多かったのが会社の所轄となる四谷警察署への出頭である。名誉毀損の担当は何と二課の知能犯係、これは警視庁も同じである。猥褻《わいせつ》図画販売容疑を含めて四谷署には7回くらい出頭している。記憶に残っているのが、取調べがしつこかった青春出版社と落合信彦氏の案件だった。あとは野方署、北沢署、大塚署でも取調べを受け調書を取られた記憶がある。

▼数多くの警察・検察との刑事告訴をめぐる闘いの歴史と教訓。

警視庁スキャンダルは新聞も大手週刊誌も何らかの形での癒着関係があるため、『噂の眞相』の独壇場だった。実際に警察トップの首を飛ばすようなスクープを数多く手がけてきた。『噂眞』休刊後、元オウム真理教のメンバー4人を一斉逮捕したものの、証拠を固めることができずに全員釈放で大失態を演じた国松孝次元警察庁長官銃撃事件での逮捕劇もあった。この銃撃事件の現場となった高級マンションを、国松長官が抵当権もつけずに現金で買っていたという事実を事件発生直後にスッ破抜いたのも『噂の眞相』だった。いくら警察庁長官にまで昇りつめた人物とはいえ、あれだけの物件をキャッシュで買ったというのはどう考えても不可解である。もちろん『噂の眞相』としても独自取材はやったし、いくつかの疑惑を解明するヒントは出てきたが、その理由を活字化するまでの確実な証拠は入手できなかった。本来ならば、警察の捜査に期待したいところだが、典型的な階級社会である警察において、全国警察のトップを相手に部下たちが捜査できるはずがない。国松氏がこの銃撃事件によって、瀕死の重傷を負ったことは同情に値するとしても、疑惑は疑惑である。その後、長官を退任した国松氏はスイス大使に天下った。結局、この疑惑はどのマスコミもまったく追撃せず、今もって謎のままである。

謎といえば、実行犯も特定できないまま、なぜ警視庁は元オウム真理教のメンバー4人を逮捕したのか、実に不可解だった。一度逮捕された信者にして元警視庁巡査長だったKが、自分が長官を撃ったと名乗り出てきたものの、証言に信憑性《しんぴょうせい》がないとして釈放されたのは周知の事実である。あえて再逮捕した以上、あらたな確証があったのだろうと誰しも思うところだ。

ところが、結果は何の新事実もなく、勾留期限の23日で全員釈放だった。いくらオウムがとんでもない集団だったとしても、これでは人権も何もあったものではない。まるでどこかの軍事独裁国家の秘密警察のやり口と一緒ではないか。

これは一体どういうことか。実はこの暴挙には、現代日本の反民主主義的本質がすべて凝縮されている。まずは検察がなぜ証拠がまったく固まっていないのに、逮捕状を請求したかだ。重要な事件の場合、検察は常に警察と綿密な打ち合わせをして、どこの捜査をどう詰め切れていないかをとことん煮詰めていく。実際に起訴となれば、公判を維持し有罪の論告求刑に持ち込むのは検察の仕事だからだ。銃撃犯すら特定されていない段階で、共犯らしき疑いのある面々をパクって自白させろ！　という警察の無謀ともいえる先走りをたしなめることこそが検察の任務ではないのか。これまでも警察が自信満々に内偵捜査を進めて起訴の方針を固めても、検察がNO！　を発して潰された事件は数限りなくあるではないか。

さらに問題はこの程度でも4人の逮捕状請求に対して、許諾を与える裁判所のデタラメさと、勾留延長を認める判断力のなさである。これぞ公僕意識が欠如した典型例ではないか。世間は逮捕されただけでも偏見の目で見るのに、後で起訴猶予だろうが不起訴だろうが、釈放されても人権の回復は容易なことではない。たとえ、国家賠償を求めて誤認逮捕の責任を裁判に訴えても簡単には認められないし、認められても雀の涙程度の賠償金というのが現実なのだ。

そして、ダメ押しはいうまでもなくメディアである。4人の逮捕も、メディアは大事件がさも解決したかのように逮捕者の実名入りで大々的に報じた。すべて警察の発表通りに、内容の裏取りもせず、警視庁内に陣取る記者クラブが広報の役回りを果たしたためだ。松本サリン事件でも、警察のリークに丸乗りした記事を大々的に書いて大失態を演じたことの教訓など、どこ吹く風だった。各社横並びで警察発表を競って報道するシステムを徹底的に改めない限り、こんな報道は何回でも繰り返される。警察、検察、裁判所、マスコミが一体化したら、一人の人間の人権はおろか、人命すら奪うのも簡単なのである。そして、これらのどの組織も、今回の大失態の原因究明はおろか、明確な責任も取らないままなし崩しにすませたのである。選挙で負けても誰も責任を取らない無責任体制の小泉内閣が率いる国だから仕方がないといえばそれまでだが、権力の行きすぎをチェックすべきマスコミがグルになっているのだから、この国はいかに救いがたいデタラメな状況下にあるかということの一端が分かるだろう。

マスメディアが自縄自縛に陥っている中で、イケイケ路線で権力批判を続けてきた『噂の眞相』に対して警視庁は恨みを持っていたはずだが、出頭を命じられたのは当時経済企画庁長官だった堺屋太一氏に名誉毀損で告訴された1件だけだった。それ以外では、荒木経惟さんの写真が猥褻だとして、保安課に呼び出されて始末書を書かされたぐらいのものである。

これはどういうことなのか。これは実際にあった話だが、警視庁記者クラブの面々や、右翼関係者から、警視庁が筆者を狙っているから気をつけた方がいいという情報をもらったことがある。仮に刑事部が『噂の眞相』の摘発を狙っていたとすれば、一番簡単なのは、『噂の眞相』に悪口を書かれた人物を集めて名誉毀損で次々と集団告訴させることだ。かつてのカストリ暴露雑誌『眞相』がやられた政治家の集団告訴事件のようにである。しかし、警視庁捜査二課から出頭要請があったのは後にも先にもこの堺屋太一氏による告訴1件だけだ。日本赤軍、北朝鮮の「よど号」グループの原稿を掲載したこともあるし、革マル派の非公然部隊と思われるメンバーが情報提供にやってきて記事にしたこともあるだけに、たぶん狙っているのは公安部サイドだろうと推測される。もちろん、こちらもその情報が入って以来、別件でひっかけられないように身辺に気をつけた。尾行や盗聴はいうまでもなく、車も日曜日以外は一切運転しないとか、自分なりに警戒心を強めた。しかし、結局のところ何事も起きなかったのは、あくまでも筆者の推測だが、警察スキャンダルを一貫して追及してきた『噂の眞相』に対するミエミエの報復だとメディアや世間に取られることを恐れたせいなのかも知れない。

これまで書いてきた警察による取調べの調書は、すべて地検の刑事部に書類送検される。そして検事が再捜査して起訴するかどうかを最終判断する。『噂の眞相』の場合、結論はすべて起訴に値しないとして不起訴となっている。そして最後のエースが東京地検特捜部である。警察を経由することなく、地検特捜部に直告された案件を捜査する。しかし、特捜部が直々に捜査して起訴に持ち込むケースは皆無で、『噂の眞相』に対しても例外ではなかった。しかし、以前より『噂の眞相』に批判記事を書かれて怨念を抱いていた宗像紀夫特捜部長（当時）によって前例が破られてメディアとして初めての起訴となるのである。過去、これだけの刑事告訴を受けても、起訴して公判を維持するだけの案件にはならなかったものが、宗像紀夫という一検事の個人的怨念でいとも簡単にやられてしまったのだ。いかに『噂の眞相』の起訴が宗像特捜部長の恣意性による例外のケースだったかが分かるだろう。

そして、最後に、警察・検察との闘い方のノウハウはと問われれば、これは、先に内容証明の項で述べたケースと同様に、経験の積み重ねでしかあり得ない。マニュアルもなければ、確立されたノウハウが存在するわけでもない。それもなかなか実際には経験できないことだけに、最終的には、これはジャーナリズムの存在意義を懸けた志と理念による権力との対決という意志力と理性的な判断力の問題だろう。

では、ジャーナリズムにおける理念とは何か、そして志とはなにか。『噂の眞相』における編集理念とはメディアは常に権力や権威に対して疑問をもち、市民や読者の知る権利の代行機関として社会的なチェック機能を果たすということに尽きる。そこには、言論・表現の自由という憲法で保障されたメディアの社会的機能が健全に作用しないと、国家も社会も不正や腐敗がはびこってしまうという歴史認識が前提としてなければならない。それは言論の自由なきファシズム国家のケースを想起すれば誰しも理解できるはずである。

歴史や社会が大きく動く時には必ずポイントになる人物や組織が存在する。現在の日本で具体的にいえば、自民党と公明党に支えられた小泉政権ということになるが、そこに絶えずスポットを当てて、広く国民に情報公開するためにメディアとして発信していくことは、民主社会が健全に機能していくための最低限の必要条件である。そこに公的目的、公益性があれば、いかなる権力の弾圧・介入があっても、ゆるぎなき信念を持って対峙できるはずである。そのスタンスと信念を持続していくことこそが、『噂の眞相』のいうところのジャーナリストとしての志ということである。それなくしては強大な権力の前では簡単に押しつぶされてしまうだろうし、メディアとして発信する資格じたいが疑わしいということになる。それも、日本が戦時体制に突入した時のメディアやジャーナリズムが権力に迎合していった過去の歴史を振り返って検討すれば、それが十分な答えになるのではないか。具体例が古いということであれば、言論の世界では先進国とされるアメリカの、9・11同時多発テロ以降のメディアのセンチメンタルな情緒に流された愛国報道一辺倒によって事の本質を見抜く目を失った状況を、いかに教訓化していくかということでもある。

第六章　「我カク戦ヘリ」戦史・戦歴篇

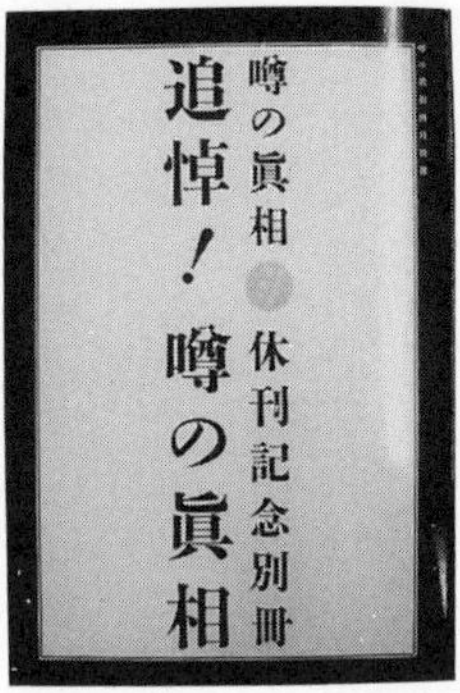

最後のシメに
休刊記念別冊でソーカツ！

▼筒井康隆氏の「断筆宣言」ショックが投げかけた大きな波紋。

『噂の眞相』を舞台に世間を騒がせた言論事件のひとつに、93年10月号誌上における作家・筒井康隆氏の「断筆宣言」があった。筒井さんの「笑犬樓よりの眺望」は、この時点で『噂の眞相』の10年に及ぶ看板連載ということもあり、筒井さんとの間では「『噂の眞相』が休刊するまで続ける」という暗黙の了解まで交わされていた。だが、筒井さんの断筆宣言によって、この長期連載は突然中断されることになった。

10月号の入稿作業真っ只中の8月末、編集部に「わたしゃ、キレました。プッツンします」という書き出しの「断筆宣言」が書き込まれた原稿が送られてきた。当時筒井さんは翌春から角川書店発行の国語教科書に採用が決定していた小説『無人警察』の記述を巡り、「日本てんかん協会」から教科書への掲載中止と同書の出版差し止めを求められていた。これに対し筒井さんは『噂の眞相』9月号で「日本てんかん協会に関する覚書」を通常の連載ページの倍の4頁を使い反論を展開し、また日本てんかん協会側もこれに対する再反論の掲載を『噂の眞相』に要求してくるというトラブルになっていた。こうした一連の事態を打開するため、筒井さんが究極の抗議の形として断行したのが断筆だった。「自決」に等しい作家としての全存在を懸けた断筆宣言である。
この断筆宣言が掲載された号が発売されるや否や文壇はもちろんマスコミも大騒ぎとなり、「言葉狩り」なる言葉も流行し、言論の自由と差別表現をめぐる社会問題にまで発展していった。また筆者に対しても取材が相次いだが、その中には、なぜ筒井さんを説得もしないままにこの断筆宣言の原稿を掲載したのか、などという見当違いの批判もあった。これは筒井さんの強い決意と真意をまったく理解していない見方にすぎない。断筆宣言の原稿と一緒に送られてきた筒井さんからの筆者に対する私信には「しばらく留守にします」と書かれており、つまり、誰の説得にも応じない、騒ぎになるので身を隠すという筒井さん一流の身の処し方、覚悟のメッセージを受け取った筆者が、そのまま断筆宣言の原稿を誌面に掲載したのは当然だった。この筒井さんの問いかけは、全マスコミに対して根源的なテーマを投げかけたものであり、個人的な説得を試みるというレベルの話ではなかったのだ。

実際、断筆宣言から1年後の94年11月には、筒井さんと日本てんかん協会との間で一応の合意がなされて記者会見まで開かれた。しかし断筆宣言が日本てんかん協会への抗議の意思表明というだけではなく、マスコミ・言論界全体の自主規制体質に対する根源的な抗議表明でもあったため、この問題の本質的部分が解決されない以上、筒井さんはその後も断筆を続行した。

その間、筒井さんは、ホリプロ所属の役者としての活動や、新作の小説の朗読会を開いたり、悠々自適にみえる生活を楽しんでいた。作品を書くことが、自己表現だけではなく、生活じたいを支えている作家にとって、そう簡単に実行できるものではない。かつて作家の五木寛之氏が自己充電のために休筆宣言したことはあったが、断筆宣言は筒井さんというキャラだからこそできた勇断ともいえるのではないか。

そして、断筆宣言解除の方針が筒井さんから突然発表されたのは96年3月だった。この断筆解除により、出版社は次々と筒井さんとの間で、「作品に関して抗議を受けた場合には著作者の責任として修正などの自主規制は一切行わない」という趣旨の「覚書」を取り交わした。当然『噂の眞相』も当時筒井さんが滞在していた帝国ホテルの一室で連載再開に関する覚書を取り交わした。それから2年以上経過した98年6月、5年ぶりに『噂の眞相』での連載再開となった。タイトルも筒井さんと相談の結果、「笑犬樓よりの眺望」から「狂犬樓の逆襲」と改題され、『噂の眞相』休刊号、いや最終別冊『追悼！噂の眞相』まで連載は続くことになったのである。

筒井さんの「断筆宣言」は、それまでのメディア界にあたかも常識のように存在してきた作家の表現行為に対する自主規制という慣習に一石を投じた言論事件だった。しかしながら、マスメディア、特に新聞においては筒井さんの問題提起はいまだ十分に理解されているとはいいがたい。それは新聞という巨大メディアが必然的に抱える組織の論理の限界であり基本矛盾だからである。900万、1000万といった部数を発行していれば、表現行為の基準に内規をつくったり、不買運動や抗議を恐れてあらゆる団体に気配りしたりしなければならなくなる。その結果、もっとも自由な言論が保障されなければならない作家の表現活動に対して、無神経な規制や自粛というプレッシャーを平然とかけてしまう。作家の生存をかけた作品づくりにおいては基本的に人間としての内面の自由が保障されなければならない。仮に、抗議やトラブル、時に訴訟沙汰になったとしても、その作家自身の自己責任において対処すればいいのである。少なくとも筆者が編集発行人をつとめてきた『噂の眞相』では、作家性を否定するような自主規制など一切あり得なかった。要は自由な表現活動に対する作家と編集者との間の共通認識があれば事足りる問題である。メディアが巨大化すればするほど言論活動は不自由になっていく――、ここでもその実例がみて取れる。

▼「父権主義」から皇国史観に走った小林よしのり氏との対決史。

『噂の眞相』が漫画家小林よしのりを最初に批判したのは94年11月号だったが、それ以来、休刊まで実に10回以上も特集記事を掲載してきた。計算すればだいたい1年に1回くらいのペースで取り上げたことになる。しつこくやらない主義の『噂の眞相』に、これほどさまざまな話題を提供してくれ続けたのだから、今となっては敵ながら天晴れな存在だったということかもしれない。

小林氏が週刊誌『SPA!』誌上で「ゴーマニズム宣言」の連載を開始したのは92年だった。この「ゴー宣」は漫画の枠を大きく超え、部落問題から天皇制にまで言及したアナーキーな社会時評として反響を呼んでいた。それまでは単なる漫画家だった氏が、論壇の一角に進出してきたのである。そんな中、『噂の眞相』では小林氏にまつわる女性スキャンダルをキャッチした。それは小林氏が売りにしていたアナーキーな表現行為とはどう考えても異質な、氏の女性秘書たちに関する情報だった。それが小林氏の持つ中小企業経営者的なオヤジ感覚だけならばまだしも、男女関係の枠を超えたカリスマ父権志向という権威主義の体質がそこに透けて見えたのである。

そのことは、問題となった「ゴー宣」での「かば焼きの日」と題する回でも小林氏の「わしは皇室を敬愛しとる」という一見パロディを装った記述の裏に天皇制擁護の権威主義が見え隠れしていた。これは、雅子妃の成婚フィーバー報道をからかったもので、もし雅子妃が中核派に洗脳されてパレードの最中に群衆に向けて爆弾を投げたらどうするのかとやった内容だ。発行元の扶桑社が右翼を刺激することを恐れて自主規制した回でもあった。

それはともかく、さっそく売れっこ漫画家・小林よしのりの批判記事作成のため、『噂の眞相』は小林氏の事務所の張り込みを開始した。氏と秘書の特別な関係の裏づけを取るためだ。だが5日目にして張り込みを発見された取材班は、警察に通報されてしまったのだ。余談になるが、この時、『噂の眞相』取材班の近くには『噂の眞相』の張り込み目的とは違って、本気で小林氏の命を狙っていたオウム真理教の刺客が潜んでおり、警察の出動騒ぎでそれを諦めたという奇妙な情報もあった。これが事実だったとすれば、『噂の眞相』は小林氏にとっては命の恩人ということになり、なんとも因縁めいた関係だった。

張り込みじたいには失敗したものの、取材の方は順調に進み、94年11月号では「『ゴーマニズム宣言』で快進撃の小林よしのりの〝傲慢の秘密〟」と題した記事を掲載した。だが、漫画というサブカルの世界から飛び出したことで初めてスキャンダルの洗礼を浴びた氏は、『噂の眞相』の予想を超えた過剰な反応を起こす。「あの記事を読んで落ち込んでノイローゼ気味」、「ヒステリックになって情報を流した犯人探しをしている」といった情報が『噂の眞相』に入ってきたほどだった。実際『噂の眞相』発売直後の「ゴー宣」は連載を落としてしまった。その後、気を取り直して連載を再開した小林氏は一転、筆者や『噂の貧相』(©小林)への批判を展開し始めた。憎悪に満ちた小林氏の反撃は、「『噂の眞相』をつくっているのは左翼くずれの黒い男たち」というイメージを必死になって振りまいた。後に『噂の眞相』のバイト嬢となったNも「高校時代に小林ブームがあり、私も最初『噂の眞相』に来る前は黒い男たちがいるところだと思っていたが、みんな若いし女性も多い明るい編集部なのでびっくりした」と語っていたほどである。

よほどこの「おぼっちゃまくん」は『噂の眞相』のスキャンダル報道にショックを受けたのか、その後激しく迷走を始める。その最たるものが95年8月に突如「ゴー宣」の連載じたいを中断してしまったことだ。「ワシはオウム真理教に狙われている」と漫画の中でしきりに主張していた小林氏は、『SPA!』で連載をしていた宅八郎氏がオウム広報部長（当時）の上祐史浩氏と誌上対談をしたことに遂にキレたのである。激怒した小林氏は対談を掲載した『SPA!』編集部に矛先《ほこさき》を向け、ついには発行元である扶桑社上層部に対し自身の版権引き上げを示唆したものの、意のままにならないと悟るや否や、連載を自ら降板してしまったのだ。

その後も、それまで全面支援してきた川田龍平君らの「HIV訴訟を支える会」に対して、手のひらを返すように批判を開始。その後はオウムへの破防法適用大賛成のタカ派論陣を張り始める。さらに日本の戦時下に慰安婦問題はなかったと主張して、「新しい歴史教科書をつくる会」に肩入れしていく。結局、その「つくる会」とも主導権を巡って内紛を起こすなど小林氏のハチャメチャぶりが続いたのである。最終的には戦時中の神風特攻隊に心酔し、靖国の御《み》霊云々《たまうんぬん》まで言いだして靖国神社に献灯を始めたばかりでなく、皇国史観にまで行き着いたのだから、思想性なきゆえの氏の迷走はとどまるところがなかった。

こうした小林氏の妄想的な言動の数々に対し、「『噂の眞相』があそこまで追い詰めた」という批判もあった。「小林にもいろいろ問題点はあったが、『噂の眞相』記事によって小林は左翼嫌いを加速させ、どんどん極右思想に傾いてしまった。もっとうまくやれば反権力の貴重な論客となったかもしれない」というものだ。確かに、「『噂の眞相』＝奇形左翼」と小林氏が規定したように、『噂の眞相』に対する憎しみが、氏の脳裏でリベラルや反権力指向全体に対する憎しみとなり、体制・保守指向をより加速化させてしまった面があったかもしれない。しかし、批判されたくらいで感情的になって保守の中でも極右のスタンスまで行き着いたとしたら、それは、結局のところ小林本人の資質の問題だったということではなかったのか。いくら漫画家とはいえ、論壇の中で時評を手がけていく立場の人間としては、軟弱すぎる精神力といわざるを得ない。しかも途中から、『噂の眞相』に対してはなぜか反論も中傷も一切しなくなったのである。自分自身に余裕を失ってしまったのか、損な喧嘩はしない方がいいと結論づけたのか、そのどちらかだろうが、ホンネがどこにあったかは今もって分からない。

しかし、94年以来、約10年間『噂の眞相』が批判し続けた結果、小林氏は確かに行き着くところまで行った。そのせいもあってか、最近の氏には揺り戻しともいえる〝まっとうな言動〟が多少みられるようになった。01年ニューヨークの世界貿易センタービルのテロ事件をきっかけにアメリカは反テロリズムを掲げ、アフガニスタン、イラクと立て続けに戦争を仕掛けた。その際、日本の政府と『正論』を拠点とする保守系タカ派論客の多くがアメリカに盲目的な追従姿勢を打ち出す中、保守派論客の西部邁《すすむ》氏と共に小林氏が一貫して反米を主張していることには一定の評価をしていい。「つくる会」で決裂して対立した保守派論客たちの多くが、ひたすら現実主義の名のもとにアメリカ一辺倒の姿勢を取っていることからいえば、小林氏の反米の姿勢は必然的な選択だったとはいえ、である。

さらに、もうひとつは、小林氏のタカ派路線を加速させた要因と思われる秘書のカナモリ嬢と別れ、穏やかな雰囲気の女性秘書を新たに迎えたことで、氏がいくばくかの冷静さを取り戻したということもあるかもしれない。『噂の眞相』の批判によって一時は錯乱したように迷走を続けた小林氏だが、今や『噂の眞相』も休刊したことだし、ここらあたりで反米はともかく、日本の核武装などという漫画チックな妄想は捨て去り、冷静さを取り戻してほしい。その上でさらに人間的にも思想的にも成長して、客観的な説得性を持ち得る表現者になって欲しいものだ。そのことこそ、『噂の眞相』が小林よしのり批判に込めたメッセージだったからである。

▼宅八郎氏のオタク的な田中康夫邸襲撃と連載中断事件の真相。

筒井康隆「断筆宣言」がきっかけとなり、思わぬトラブル劇に発展したのが、宅八郎氏の連載中断事件だった。筒井さんが断筆宣言したことで「笑犬樓よりの眺望」という看板連載が中断、それに代わる目玉企画として編集部が田中康夫氏の日記連載を準備したことがきっかけとなった。これは休刊したばかりだった『田中康夫のトレンドペーパー』に連載されていた日記が抜群に面白かったので、『噂の眞相』で継続しようと筆者が川端副編集長に指示したことが発端だった。その際、筆者からも「あまり赤裸々なセックス描写だけは読者のために配慮して欲しい」とわざわざ注文をつけざるを得ないくらい面白・過激な日記だった。実際、この日記は『東京ペログリ日記』として、性描写もPGのマークで表現し、『噂の眞相』の人気連載となった。田中氏が長野県知事選に立候補した時など、対立陣営がこの日記を大量にコピーして選挙民に配りまくったほどである。もちろん、ネガティブキャンペーンのためである。結果は相手陣営の無駄な努力に終わったことは周知の通りだ。この田中康夫氏の連載開始に対しお門違いの過剰な反応を示したのがオタク評論家の宅八郎氏だったのだ。

宅八郎は92年1月号から『噂の眞相』誌上で「業界恐怖新聞」の連載を開始、宅の特異なキャラクターと業界人をターゲットにする執拗な取材手法で、連載直後から業界でも注目を浴びる連載となっていた。反面、法的には犯罪行為スレスレの手法からさまざまなトラブルが勃発していく。誌面づくりに関してだけならともかく、それ以外でのいやがらせをエスカレートさせ、警察沙汰などのトラブルが起こっていたのだ。そんな宅がターゲットにしていた一人が田中康夫氏だった。田中氏が宅に対する批判記事を書いたということだけがその理由だった。オタクのメンタリティという他はないが、そのために田中康夫氏の新連載開始を、自分の連載「業界恐怖新聞」打ち切りと妄想的に判断した宅は、『噂の眞相』の原稿をボイコットすると同時に、田中氏への直接的いやがらせ行為を始めたのだ。これは田中邸襲撃ともいうべきもので、大量の無言留守電をかけたり、いやがらせファックスを大量に送りつけたり、さらに田中氏の車をパンクさせたり、ガス・水道栓を閉めるといった行為にまでエスカレートし、近所の住人から不審人物として通報される事態にまでなったのだ。筆者はこの事態を打開すべく宅と直接話し合いを開始した。しかし宅のこうしたストーカー的行動や思考に基づく取材方法が筆者にはまったく理解できず、ジャーナリズム観の相違もあって、話し合いはそう簡単にはまとまるはずもなく、2日続けての会談は遂に完全決裂となった。

その頃から『噂の眞相』編集部にも異常な量の無言電話が昼夜問わずかかり始める。そんな中、作家の安部譲二氏から筆者あてに電話が入り、宅との仲介の申し入れがあったのだ。そこで安部氏の隠れ家らしき千代田区三番町のマンションで宅を交えた筆者との三者会談となった。会談内容は筆者の要望として誌面以外での田中邸攻撃やいやがらせをしないことを申し入れ、一方宅側からはそれまで2頁だった連載を田中氏の連載と同じく4頁にすることの要求があり、その線での話し合いがまとまり、田中、宅ともにこれまで通り、連載続行が決まったのである。

筆者は『噂の眞相』編集発行人という立場からも、右翼や暴力団、企業人、作家、文化人などの数多い抗議に対応してきており、トラブル処理にはそれなりの自信をもっていた。しかし、宅というオタク評論家には、これまでの筆者が体験してきたまともな話し合いという手法が一切通じなかった。そのストレスからか、筆者は生まれて初めて胃潰瘍を患ってしまうという経験をした。もちろん、この宅騒動と胃潰瘍の因果関係は証明されたわけではないが、筆者にしてみればそれ以外には思い当たるフシがなかった。幸い、胃潰瘍の方は薬だけで完治したものの、宅という駄々っこのようなオタク系人物とマジに話し合いをもったのも、胃潰瘍になったのも、今にして思えば人生初めての貴重な体験だった。

それでも、その後しばらくは、宅の連載を続けたのだから、筆者もかなり我慢強いのかもしれない。安部氏が仲介してくれた筆者と宅との約束はすぐに反古にされ、宅のいやがらせ手法はますますエスカレートしたにもかかわらず、である。しかし、遂に宅がターゲットとしていた『週刊ポスト』Kデスク宅への住居不法侵入の容疑で警察が動き、強制捜査の情報まで囁かれるようになる。これは宅と筆者で交わした連載続行にあたっての約束違反であり、もはや連載打ち切りやむなしとの判断を下すことにした。ちょうどその頃は、『噂の眞相』に対し東京地検特捜部が和久峻三と西川りゅうじん二名の名誉毀損での告訴を受けて捜査を始めた時期とも重なった。不法な宅の取材のせいで、編集部にまで権力に介入される口実を与えることを避ける意味もあった。そして連載中止を宅に通告した直後の94年11月、筆者が危惧したとおり宅は車の当て逃げの容疑で代々木署に逮捕された。明らかに別件逮捕と思われたが、これも宅自身がまいたタネによる自業自得の結果といわざるを得ない。

『噂の眞相』編集発行人としてトラブル処理に関しては実績を積み重ねてきたつもりだったが、この時には、「オタクは権力よりもタチが悪くやっかいである」と思った。しかし、今にして思えば、オタク一般ではなく宅本人が特別であり、「彼は病んでいる」という宅の側近たちの話の意味がよく分かった。筆者は「人は話せば分かる」という信念をもってきたが、そう判断したことじたいが無駄な努力だったことになる。残念ながら、単なる感情的なオタクに論理的な説得などそもそも通じるはずがなかったのだ。

▼『朝日新聞』『週刊金曜日』を拠点にした本多勝一氏との対立から決裂へ。

かつてのカリスマ・ジャーナリスト、本多勝一氏と『噂の眞相』とのトラブル劇は、言論人のあり様と、ジャーナリズムとは何かを考える上で、ひとつの試金石になるかもしれない。

本多氏と筆者との仕事の付き合いが始まったのは86年4月号からだった。『噂の眞相』誌上に、「本多勝一のページ」という連載を依頼したことが発端だった。当時本多氏は、現役の朝日新聞スター記者であり、『戦場の村』『中国の旅』など著作もあり、また、社外においても反権力ジャーナリストとして活躍していた。当時から既に反権力スキャンダリズムの編集方針を掲げていた『噂の眞相』のスタンスに共鳴した本多氏は連載を快く引き受けてくれた。さらにその後の93年4月号から95年3月号までの2年間、再び「本多勝一のページ」を連載した。通常はここで連載は終了するはずだが、本多氏の要請もあって翌月号の95年4月号からは「蒼き冬に吼える」とタイトルを変えて連載を続行することになった。『噂の眞相』としても異例の長期連載だった。

ところが、この連載中に、本多氏の自己保身の極みともいうべき〝醜い本質〟が露呈する事件が発生する。それは97年1月号の月刊誌『Ｖｉｅｗｓ』（講談社刊・現在は休刊）に掲載された「株式会社朝日新聞社の正体」という記事が発端だった。この記事は、ジャーナリストの岩瀬達哉氏が取材執筆したものだが、その特集記事の中でリクルート事件が発覚する直前の87年、本多氏（文中ではイニシャル扱いの配慮になっている）ら朝日新聞幹部社員6人がリクルート関連企業のリクルートコスモスが経営する安比高原にスキー旅行をし、その際、リクルート広報室や江副浩正会長（当時）にさまざまな便宜を図ってもらったという「接待疑惑」を指摘したものだった。このスキー旅行に参加した朝日の女性記者の夫がリクルートの幹部だったということが、この接待旅行のきっかけをつくったという背景もあった。

ところがこの記事に対し、あろうことか接待疑惑を書かれた本多氏と共にスキー旅行に参加した朝日新聞名物記者・疋田桂一郎氏（01年に逝去）の二人だけが、『Ｖｉｅｗｓ』を発行する講談社上層部を通じて、同誌編集部や岩瀬氏に対し圧力をかけたことが判明。そこで『噂の眞相』98年2月号で「社内情報漏洩に罰則まで設けた朝日の呆れた〝内憂外患〟事情」という特集記事を掲載した際、記事中でこの圧力にも言及した。この『噂の眞相』の特集記事の主眼はタイトルの通り、リクルート接待の事実そのものを扱ったわけではない。自分たちを批判した雑誌や筆者に対し政治力を駆使して圧力をかけるという朝日新聞出身のジャーナリストらしからぬ卑劣な手口に対して批判したものだ。常日頃、人の批判を書く立場の人間なら、正々堂々と言論で反論すればいいというジャーナリズムのあり様という観点からも、『噂の眞相』に連載中の執筆者がらみではあったが、あえて問題提起の意味で記事化に踏み切ったものだ。

ところが、この『噂の眞相』の批判記事をきっかけに本多氏の行動は常軌を逸していく。

『噂の眞相』記事発売後、まず『噂の眞相』に対し反論を載せたいという疋田桂一郎氏の要求があった。筆者は問題の記事がホンの数行触れただけだったため「読者の場」という投稿頁ならオーケイと返事し、疋田氏本人もそれを一旦は了解し原稿を送ることになっていた。ところがそこに本多氏から横槍が入り、筆者に対して『噂の眞相』が書いた記事の4倍にもあたる1頁の反論を要求してきたのだ。その時点で疋田氏自身も講談社に対しての圧力の事実を認めていたにもかかわらず、である。当然、筆者はその言いがかり的要求を断った。

すると本多氏はあろうことか、自身の連載「蒼き冬に吼える」の原稿として、疋田氏の書いた反論をそのまま原稿用紙に貼り付けて編集部に送りつけてきたのだ。事はそれだけでは終わらなかった。本多氏はその後も『噂の眞相』の自身の連載頁を使い、半年にもわたり延々と『噂の眞相』、そして岩瀬達哉批判を始めたのだ。しかも、それがきちんとした批判・反論だったらともかく、本多氏は接待に関する事実の証明・反論は一切することなく、ただ「ヨタ記事」「人間のクズ・カス」「改竄《かいざん》・捏造」といった感情的な罵詈《ばり》雑言《ぞうごん》を繰り返すだけだった。事実関係にしても、「接待などなかった」と何の根拠も示さず虚を言い放つだけ。さらに「接待が事実だったら筆を折る」とまで開き直って、口汚い人格批判を続けたのだ。長い付き合いだった筆者も正気とは思えない本多氏の別人格の正体を初めてみることになった。

それでも、半年間もこんな口汚い罵りを『噂の眞相』に掲載させていたのは、ある程度の時間が経てば一時的に頭に血が上っている本多氏も、冷静になって真実を見つめればおのずと自分たちの否を認めるだろうという思いがまだ筆者にはあったからだ。だが、筆者のそんな思いは本多氏にはまったく通じていなかった。本多氏の誹謗《ひぼう》・中傷はますますエスカレートしていった。そこで、これ以上放置しておけば、もはや岩瀬達哉氏に対しても重大な人権侵害、名誉毀損が生じ、取り返しがつかなくなると判断して、遂に本多氏への反論を決意する。

それが『噂の眞相』98年10月号特集記事で「『新聞が面白くない理由』が告発した朝日幹部リクルート接待旅行の真相を徹底究明し、本誌が裁断す!」とタイトルをつけて、本多氏が一貫して事実無根と主張していた接待の動かぬ証拠をリクルート広報部員の証言を含めて突きつけたものだ。「事実だったら筆を折る」という本多氏の宣言を実行してもらう意味でも連載を打ち切り、絶縁を通告したのである。『新聞が面白くない理由』というのは、岩瀬達哉氏が『Views』の記事などの新聞批判を一冊にまとめた著作のことである。

しかし、本多氏はその後も筆を折るどころか『噂の眞相』と岩瀬氏に対し罵声を浴びせ続け、証言したリクルート関係者に圧力をかけるという卑劣な行動までとり始めた。さらに本多氏の度を越した罵詈雑言に怒った岩瀬氏が名誉毀損で提訴したことに対して反訴までしているのだから呆れた人物である。最初の段階で、「あれはうかつだった。申し訳ない」と事実を素直に認めた上で、「でも、そのことで筆を曲げた憶えはない」といえばそれですんだ話である。

案の定、04年1月、この裁判における東京地裁の判決文では「リクルートの経済的負担を含めた本件スキーツアーはリクルートの接待ないし経済的便宜供与であった」と本多氏らに対する接待の事実が正式に認定されたのである。こうした実質敗訴の第一審判決が出されたにもかかわらず、本多氏は性懲りもなく控訴したが、それでも04年9月に東京高裁は再び本多氏の訴えを棄却する判決を出している。これは、現行の裁判にいろいろ問題が多いという状況を考慮しても、まっとうな判決だった。『噂の眞相』としても98年に記事化した際に、接待があったという事実の裏づけをキチンと取っており、その事実じたいが裁判所で否定される可能性は最初からゼロだった。たとえ、高裁判決が不服で最高裁まで行ったとしてもその事実認定は変わりようがないだろう。いずれ、本多氏が『噂の眞相』に対して大見得を切って宣言した〝ペンを折る日〟は確実にやってくるだろうが、たぶんその日が来てもこんなクロをシロと言い張るような人物だから、裁判所が悪いとか何とか理屈をつけ知らん顔をする公算が強いだろう。

こうした本多氏の乱心ぶりはかつて『朝日ジャーナル』誌上の連載「ファディッシュ考現学」で田中康夫氏が猪瀬直樹批判を展開した際、猪瀬氏が朝日新聞上層部に圧力をかけ、田中氏の批判を止めようとした事件と共通している。それは言論を生業《なりわい》としている者が自らへの批判に対して政治力や圧力という卑劣な手段を使って批判を封じ込めようとする手口である。猪瀬氏は『噂の眞相』創刊時には原稿も書いてもらうなど協力関係にあったが、この『朝日ジャーナル』の一件があってから氏のジャーナリストとしての体質に疑問をもち、批判するようになった。いかにレギュラー執筆者だろうが協力者だろうが、メディア上層部を通じて言論に圧力をかけるなどというやり方は、言論人としてはあるまじき、絶対にやってはいけない行為だと筆者は強く考えているからだ。

『噂の眞相』の休刊の際、月刊誌『サイゾー』が『噂の眞相』の特集を組んでいたが、その中で本多氏は、「『噂の眞相』があんな雑誌とはよく知らずに連載を引き受けてしまった」などと語っているのが目についた。これにはさすがに「よく言うよ」と苦笑を禁じ得なかった。自分を正当化するためだったら、ここまで嘘をつくのかと、呆れ返ってしまった。

本多氏と筆者とは、連載執筆者と編集者という関係以外にも、この事件以前にはさまざまな交友関係があった。第三者からみれば蜜月関係に見えたかもしれない。本多氏が創業した『週刊金曜日』の初代編集長だった和多田進氏が、本多氏とトラブって辞めたことで編集長が空席だった時期がある。その時、本多氏は筆者に対し「『週刊金曜日』の編集長をぜひ引き受けてほしい」と会社までやってきたこともあった。筆者が「いや僕には『噂眞』があるから」と辞退すると、本多氏は「兼務でもいいんじゃないか。考えといて欲しい」と強引だった。また、「どうやったら『噂の眞相』のように売れる雑誌ができるのか、うちの編集部員たちの前で話をしてもらえないか」と頼まれて、『週刊金曜日』のスタッフを前に講義をやったこともある。それだけではない。共通の知人である筑紫哲也、辻元清美、石坂啓氏らを交え一緒に新宿で酒を飲んだこともあった。にもかかわらず「雑誌をよく知らなかった」などとよくぞ言えたものである。本多氏自身、これまでも散々人を批判してきたはずだが、自らが批判された途端に逆上し、批判した相手の人格まで徹底的に貶《おとし》め、事実をねじ曲げてでも独善的な正当化に走るというのではジャーナリスト失格である。今となっては、本多氏の本質を見抜けずに連載をさせてしまったことじたい、筆者にとっての不覚だった。

最後に筆者なりのメッセージで締めておこう。筑紫哲也、佐高信、椎名誠といった『金曜日』編集委員や本多氏に近い人たちに対してである。本多氏はうるさくて面倒でしつこいからと、いつまでも〝裸の王様〟にしておかないで、1回くらい提言を込めた記事をきっちり書いてみたらどうかということだ。「あの人はもうほっとくしかない」などと佐高さんがうっとうしがるという気持ちも正直分からないでもないが、一度正面切ってぶつかってみれば本多氏の手のひらを返したような卑劣な正体に一発で気づかされるはずだ。リベラル、左翼文化人同士の悪しき馴れ合いの構図よりは、その方がはるかに精神的にも解放されるのではないかと思うが、筑紫さん、椎名さん、どんなものだろうか。

▼『噂の眞相』不当起訴を指揮した宗像紀夫特捜部長へのスキャンダル報復作戦。

第一章でもとりあげた『噂の眞相』に対してなされた刑事による名誉毀損の公訴に関して改めてここで詳しく触れていきたい。この一件は『噂の眞相』としても黙って引きさがるわけにはいかなかったが、知り合いの司法記者たちもこの当時の宗像紀夫特捜部長の暴走ともいえる起訴じたいに首を傾げていたのも事実である。特捜部には宗像部長の下に特殊直告一班、二班、財政経済班といった副部長率いるグループがあった。特捜部の仕事はいうまでもなく政治家や役人、企業の贈収賄、背任、横領、詐欺、脱税などの大型で悪質な犯罪の摘発・捜査、起訴が主な仕事である。それが、宗像が気に食わない雑誌だったという理由だけで、特捜部発足以来初めて、雑誌メディアに対する名誉毀損での起訴に動いたのである。

この時、宗像は現場を取り仕切る副部長の頭越しに、子飼いの井内顕策検事に命じて約7カ月という異例の捜査をやらせたのである。井内をサポートしたのがW、Nという二人の検事だった。井内は現在の特捜部長である。井内は当時から威圧型の「調書マシーン」や「ロボット人間」といわれた職務に忠実ともいえる検事だった。宗像がその井内を使って「何が何でも

『噂の眞相』を懲らしめてやる」と語っていたという司法記者からの第一報を聞いたのは起訴の前年の夏のことだった。この司法記者はある大学のシンポジウムでのパネラーとして筆者が参加したとき、会場に出席していた学生だった。〈これは大変だ〉ということで、筆者に教えてくれたのである。それからまもなく、特捜部検事が京都に出張して和久峻三氏とその関係者に片っ端から事情聴取しているとの情報が入った。〈まさか〉と思っていたことが現実となり、第一報をくれた司法記者の情報は的確だったことが証明された形となった。と同時に、これは宗像による初めから起訴ありきの案件だったということを裏づける話でもある。捜査着手から起訴まで約10カ月、宗像が特捜部長を離れ、大津地検に転出する直前の駆け込み起訴だった。さらに、起訴の翌日には先行して進行中だった西川りゅうじん氏との民事裁判で、裁判所の和解が入っていたのである。明らかな和解阻止を狙った宗像の手段を選ばないやり口だった。捜査の初期段階で、すでに井内は、関係者に「『噂の眞相』の記事も書きすぎだが、和久という人物にも問題がある。事件としては筋が悪い」と語っており、和久氏だけでは公判がもたないので、和解を妨害してでも西川案件と合わせて一本の刑事裁判に仕立て上げるという離れ業を演じたというのが真相である。

今まで述べてきた通り、この起訴がいかに動機不純だったかはよく分かってもらえたと思うが、裁判になった以上、公判でも徹底して闘うしか方法がないのが法治国家のシステムである。

初公判でも、『噂の眞相』はこの起訴がいかに不当かを訴え、公訴じたいの棄却を訴えた。しかし、裁判官も「言うだけ言わせておけ」という態度で、検察官の方はまさに〝馬の耳に念仏〟そのもの。『噂の眞相』としては対抗手段として、これまで通り誌面でも検察批判を継続する一方、宗像紀夫本人にも報復するための取材態勢を敷いた。世のため人のため、こんな検事に法の番人などやってもらいたくない、天誅《てんちゅう》を加えねばという思いである。

その宗像に対する逆襲第一弾が〝地検特捜部公訴記念〟と題した別冊『自由な言論』（95年11月号別冊）に掲載した「東京地検特捜部前部長・宗像紀夫を襲った決定版スキャンダル」だった。このスキャンダルとは、宗像が30年来の親友と公言するS弁理士を通して知り合ったパチンコ業者らとベトナムへ大名接待旅行に行っていた事実を告発したものだ。宗像とこの弁理士Sは同じ福島県出身で中央大学でも司法試験を目指す「中大真法会」のメンバー同士でもあった。問題は、この弁理士が何回も逮捕歴のある札つきの事件屋であり、暴力団や右翼との関係も取りざたされる裏世界ではかなりのワルとして知られる人物だったことだ。宗像は、このS弁理士ともどもベトナム接待旅行以外にもパチンコ業者らから赤坂の韓国クラブや銀座の高級クラブ、豪華な食事やゴルフ接待まで受けていたことが判明した。ベトナム接待旅行中の宗像の写真や接待の領収書という動かぬ証拠と関係者の決定的証言を入手した完璧なスクープだった。もし検察に自浄能力があるならば、宗像は収賄で逮捕されるか、懲戒免職に相当する案件である。

現役の特捜部長の行動としては、あってはならないパチンコ業者による接待漬けという汚れに加えて、あってはならないダーティな人脈、交友関係といわざるを得ない。しかも、この記事が掲載された直後、宗像は「こんなことなら罔留を在宅起訴ではなく逮捕しておけばよかった」と周囲に嘯《うそぶ》いたという。そもそも、宗像が以前から『噂の眞相』に怨みを抱いていたのも、かつて福島県を拠点にミニ政商といわれた小針暦二（故人）からりんご箱を贈られたという小さい記事を書かれたためである。

小針暦二は最終的には福島交通や福島民報のオーナーとして権勢を誇った人物だが、戦前から詐欺、公文書不正不実記載、有価証券偽造などで有罪判決を受け、戦後も食管法違反や贈収賄事件に関係したこともある。ロッキード事件で有名になった政商・小佐野賢治に比べれば小粒に見えるが、成り上がったワルの政商だった。特捜部長がこんな政商と親交があるとすれば、先に記したパチンコ業者との交友同様とんでもない話ではないか。どちらも常に特捜部の捜査対象になりうる連中だけに、検察腐敗の一端を物語るものだ。こんな人物が何のお咎《とが》めもなく、大津地検の検事正に栄転していくのだから、日本最強の捜査権や公訴権を持つ検察に、自浄能力などまったく期待できないことを証明しているようなものだ。

さらに、宗像には女性関係の疑惑もあった。マスコミ好きで知られる宗像だったが、自分の気に入った女性記者に集中的に情報をリークしていたのだ。女性は在京のテレビ局記者だったが、いつも宗像の傍らにはこの女性記者が控えており、このテレビ局は特捜部絡みのスクープを連発していた。各社の司法記者の間でも〈宗像が特別にリークしている〉としきりに話題になっていた。この情報を入手した『噂の眞相』はさっそく張り込みを開始し、この女性記者と宗像とのツーショット写真の撮影に成功して、特捜部長の目に余る私情による特捜部情報リークに警鐘を鳴らしたのだ。

こんな人物が公権力を握り、私憤によって自分の意に沿わないメディアに対し刑事罰を発動する。それだけではおさまらず、宗像はその後に赴任した滋賀県大津市や群馬県前橋市の図書館に置いてあった『噂の眞相』を無理やり撤去させるという子供じみた行動までとっている。そこには反省のカケラもなく、権力を笠に着た卑劣な人間性が見事なまでに滲んでいる。

それでも宗像は何の処分もされずに、最後は名古屋高検検事長に就任している。この役職は内閣が選任し天皇による認証を受ける役職になっており、検察庁としてはベスト8、実質的には4番目に位置づけられる検事としての名誉職である。常識的にはこれが一般の役所か民間企業ならば、宗像はとっくに辞職か左遷になっても当然だろう。そうならないのはなぜなのか。

それはひとえにマスメディアの側も日本最強の検察におんぶに抱っこという癒着関係があるため、一切記事にできないのだ。

共同通信のやり手司法記者として活躍し、その後フリーとして独立し『渡邉恒雄　メディアと権力』（講談社文庫）、『特捜検察の闇』（文春文庫）、『野中広務　差別と権力』（講談社）といった力作を執筆している魚住昭氏は、97年9月『特捜検察』（岩波新書）を世に問うている。この新書では特捜部が手がけたロッキード事件やリクルート事件における検事たちの活躍ぶりが描かれているが、この中に宗像紀夫のヨイショ記述も出てくる。そして、魚住氏は「彼ら（筆者注・特捜部）が金銭や酒色の誘惑とは無縁でありつづけてきたことだ」「腐敗してきた日本の官僚機構の中で、特捜部は利権の手垢にまみれなかった希有な組織だと思う」と「あとがき」に書いている。この新書が発売された時期は、すでに『噂の眞相』が宗像の汚れたパチンコ業者による接待漬けや女性司法記者に対する特別な捜査情報リークの実態をスッ破抜いた後である。魚住氏がそれを知っていたのかどうかは不明だが、記者としての目は節穴だったといわれても仕方がないだろう。つまり、検察をもっとも間近でウオッチしている司法記者、しかも魚住氏のような日本を代表するきわめて優秀なジャーナリストですらこの程度の認識なのだから、特捜検察という最強の権力組織の面々が驕《おご》り高ぶった人間性になるのは当然という理由の一端が分かるだろう。

宗像紀夫は、現在、検察庁を退官して中央大学法科大学院で教鞭をとっている。こうした人物が後進をどう教育し育てていくのかということを考えれば、司法界の将来は少なくとも明るくはない。検察官という職業を選択した宗像が、検察権力を手にしたことで錯覚した人間性をフルに発揮し、相変わらず反省なき厚顔無恥な人生を送っている姿をみるにつけ、『噂の眞相』としては、ただただ呆れるしかない。

▼『朝日新聞』が一面で追撃した東京高検検事長の女性スキャンダルの全貌。

99年3月、『噂の眞相』もいよいよ創刊20周年を迎え、その記念別冊「『噂の眞相』の眞相②」の刊行に向けた編集作業が大詰めを迎えていた。この別冊は04年の休刊を有終の美で迎えるためのラストスパートとしての意味合いもあり、編集部を挙げての入稿作業に取り組んでいた。しかもこの時期は、例年通り創刊記念の4月号恒例の増頁号とも重なり、さらに筆者個人としても『「噂の眞相」編集長日誌4』（木馬書館）の出版が進行しており、殺人的スケジュールとなっていた。そして、実はこの超多忙な作業の裏でスクープ記事の取材を密かに進行させていたのだ。他のスタッフたちがあわただしく編集作業を続ける中、一人だけ我関せずと、このスクープ取材に黙々と専念していたのが西岡研介記者である。これが数カ月をかけて記事化した『噂の眞相』の渾身のスクープ、「次期検事総長が確実視される則定衛高検検事長のスキャンダル劇」（99年5月号）だった。

そもそもこのスクープには、記事掲載から遡《さかのぼ》ること半年前に掲載された特集記事、「防衛庁背任事件でも〝検察の癌〟を証明した東京高検則定検事長の特捜部への圧力工作」（98年12月号）という特集記事が伏線としてあった。この記事も『噂の眞相』しかできない検察腐敗を暴露したスクープだった。しかし、発売された後も司法記者クラブを含めて特に大きなリアクションはなかったが、唯一『噂の眞相』編集部に対しアクションを起こした関係者がいた。それが則定と愛人関係にあったA子さんだった。A子さんは銀座の検察関係も出入りする高級クラブEのホステスだったが、西岡記者のネバリによって赤裸々な証言が得られたのだ。しかもA子さんとの単なる愛人関係だけにとどまらず、高検検事長という権力の要職にある則定の、国家公務員としてあるまじき金銭疑惑まで出てきたのだ。それは則定が捜査対象ともいうべきパチンコ業者に接待を受ける形で銀座の高級クラブを飲み歩くだけでなく、A子さんの中絶費用までパチンコ業者に払わせていたという衝撃的な内容だった。それだけではない。則定には公務で関西に出張した際にもA子さんを同伴し、その費用を公費で捻出していたという懲戒対象ものの公私混同もあった。そのため西岡記者が中心となり、A子さんから話の詳細を聞いた上で、慎重に裏づけ作業を行っていった。

そして、この記事が発売された当日の4月9日、まさに『噂の眞相』としても予想外の展開が待ち受けていた。というのもこの日の朝日新聞が朝刊一面トップの5段抜きという異例の扱いで、『噂の眞相』の則定記事を引用し、「東京高検　則定検事長に『女性問題』最高検異例の調査へ」と大々的に報じたためだ。これを受ける形で陣内孝雄法相（当時）が記者会見で事実関係の調査を指示したことを認めたため、他の全国紙も同日夕刊で後追いし、NHKや民放各社もこの問題をいっせいに報じ始めたのだ。


この日、『噂の眞相』編集部には新聞やテレビ、週刊誌などのありとあらゆるメディアから取材が殺到、スタッフが手分けして深夜までその対応に追われることになった。翌日も騒動は収まるどころかさらにヒートアップしていく。全国紙は「則定が引責辞任の方向」と大々的に報じ、テレビでは則定辞任に関するニュース速報も流れる事態となった。この間も取材の申し込みが殺到し、編集部には書店からの問い合わせや注文が相次いだ。

そして翌週になった12日、3日間だけのスピード調査で、最高検はおざなりとしか思えない「処分の適用となるような『職務にかかわる問題はなかった』」と記者発表をした。大嘘である。この間、最高検はA子さんを呼んで事情を聞いたり、銀座の高級クラブRの専務まで呼びつけているのだ。このクラブRはA子さんがEから移ってきたばかりの店で、ここにも則定がスポンサーと一緒に通ってきていたのである。則定は誰と来たのか、どのくらいの飲食代を誰が払ったのか十分に調査しているのだ。「職務にかかわる問題は大ありだった」ことを、最高検は実は店側からきっちりつかんでいたのである。にもかかわらず、この最高検の発表によって懲戒解雇処分はなくなり、この調査結果の発表を待つように則定の辞任が公表されたのだ。則定には満額の退職金が入り、検察もいっさい責任が問われない、検察組織の狡猾《こうかつ》なスキャンダル収拾作戦だった。だいたい、検察の不祥事を検察が調査することじたい八百長ではないのか、というまっとうなメディアの批判すらも皆無だった。

結局、宗像紀夫特捜部長との全面対決以降、『噂の眞相』とは因縁深い検察組織の最高幹部を辞任に追い込んだスクープ記事となったが、余波はさらに続いた。『噂の眞相』発売と歩調を合わせるように朝日新聞が報じたことで、記事の背景を巡ってさまざまな謀略説まで噴出したのだ。その最たるものが当時の最高検察庁次長検事の堀口勝正の暴言だろう。堀口は則定スキャンダルをいち早く報じた朝日新聞の女性記者に対し、「あんな雑誌を一面トップにするなんて、検事長追い落としの陰謀だ」と発言し、返す刀で「確かに浮気はあったかもしれないが、そういうことが現場の活力になっている」と司法記者たちの前で一席ブッたのである。「浮気は活力！」と検察最高幹部が暴言を吐いたことが表面化したことで、今度は堀口の辞任に発展する。この暴言は当初は内々のオフレコ話で終わる可能性もあったが、勇気ある一部の記者たちが問題にすべき発言だとして告発に踏み切ったのである。

しかし、この記事の発端からの経過を知る筆者にとっては、最高検次長検事の謀略説は八つ当たりもいいところで、反省なき検察体質を証明する虚言にすぎなかった。さらに、この則定スキャンダルは朝日新聞が入手したものの、検察との関係で書けないために、まず『噂の眞相』に書かせてから朝日が追っかけるというシナリオがあった、という検察サイドが流したカウンター情報まであった。おそらく堀口次長検事もこの情報に乗せられたクチなのだろう。だが、記事化されたいきさつはここに書いたことがすべてであり、それ以上の裏も表もない。

仮に裏に何かあったとすれば、A子さんの告白の背後で糸を引く人物がいて、検察に揺さぶりをかけたという可能性だが、それも記事が出る前後一カ月くらい、『噂の眞相』が編集室近くのホテルを借り切って常にスタッフが交代で彼女をフォローしていた事実からいっても、考えにくい。記事が出た後、『噂の眞相』だけではなく、A子さんにもぜひ取材したいという申し込みが次々と入ったため、スタッフが取材の仲介や立会いまですべてやった。A子さん自身、これだけの大騒ぎになるとはまったく思ってもいなかったようで、雑誌が出る前日に早々と自宅前に取材陣が張りついている様子をみて動揺ぶりが隠せなかったほどだ。スタッフとしては

A子さんの精神的ケアが重要な任務になったのである。

最初からA子さん本人に接触して告白を引き出して以降、彼女の面倒を一カ月近くみていたのは西岡記者である。彼女も西岡記者に全幅の信頼を置いていたことから考えれば、仮にA子さんを背後で操っていた人物がいたとすればそれは間違いなく西岡記者ということになるだろう。しかし、西岡記者はこのスクープ記事が出た直後、出身地の関西に帰って、かねてより交際中だった恋人と結婚式をあげている。もちろん、その間も『噂の眞相』スタッフが交代でフォローしており、西岡記者も結婚式を無事すませてトンボ返りというあわただしさだった。A子さんの背後で糸を引く人物がいたとすれば、『噂の眞相』がそこまで徹底的にフォローする必要などなかっただろうし、だいいちそんな人物が接触する物理的時間などあり得なかったと断言できる。つまり、A子さんはまさに非人間的官僚ともいうべき冷たい則定氏の態度に怒りを感じていたものの、相手が検察の最高幹部ということで諦めていた。そこで、則定スキャンダルを取り上げている『噂の眞相』の98年12月号の存在を知って、告発するかどうか迷い始めた。意を決して第三者を通じて『噂の眞相』に連絡をとると、関西人特有の明るく調子のいい西岡記者が出てきて徐々に告白の意思を固めていったというのが真相なのである。

なぜ朝日新聞が一面トップでやったのか、ということに関しては、筆者には今もって分からない。朝日としてはそれだけの報道の価値があったのだろうというしかない。『噂の眞相』が則定スキャンダルをやっていることを聞きつけた朝日新聞から取材が入ったのは、雑誌発売の4、5日前だった。他紙に先駆けて最初に編集室にやってきた新聞社だった。当初、筆者は例によって、検察サイドから『噂の眞相』は何をやっているか探ってくれという依頼で来たのではないかと勘ぐった。これまでも検察スキャンダルをやるたびに司法記者たちが『噂の眞相』に事前に取材にやってきたが、記事になることは皆無だった。特に宗像紀夫特捜部長スキャンダルをやった時には、『噂の眞相』の記事掲載の事前も事後も各社の司法記者が取材に駆けつけてきたが、一紙も記事にはならなかった。司法記者として何よりも大事なことは、「検察から情報をもらうために癒着して親しくなることはいくらでもオーケイ！」で、検察じたいの批判記事やスキャンダルを書くことではないというのが職分であることも経験上分かっていた。彼らが仕事柄、時に二重スパイの役回りをやらざるを得ない立場も熟知していた。

ところが、この朝日新聞記者は何か違うということが直感的に感じられたのだ。長年の勘と言うしかないが、誠実さや信頼という感じのものだ。筆者はその記者に、二つだけ注文をつけた。則定スキャンダルを書いたゲラ刷りを見せてもいいが、検察にご注進したりすると事前に記事が潰される可能性があるのでそれだけはしないことと、記事にする場合には『噂の眞相』のクレジットを入れることだった。その記者には、その場でゲラを読んでメモだけはオーケイとした。内容が内容だけに、ゲラが雑誌発売前に霞ヶ関界隈に出回ることだけは避けたかったので、ゲラじたいは渡す訳にいかなかった。メモを持ち帰った記者は、さっそくデスクあたりと相談したのだろう。折り返し記事にする方向で取材に入りたいので協力してほしいとの連絡があった。むろん、こちらとしても、記事にするんだったら可能な限り協力することを伝えた。筆者の知る限り、朝日は5人以上のスタッフを動員して手分けして取材班を組んでいた。さすが大新聞である。その中の3人はたまたま以前から顔見知りの記者だったことも幸いした。

そして、問題の朝日の一面トップ記事が出る前日、つまり8日の午後10時頃から、その取材班の中の一人で知り合いの記者と新宿ゴールデン街で飲んでいた。最初会った時点では、「どうも、明日の朝刊社会面でやるらしいですよ。どのくらいのスペースになるかはまだ分からないが」と語っていた。そして午前0時半くらいにその記者に携帯電話がかかってきた。店の外に出て携帯で話した後、「いや、信じられない。一面トップだそうです」と筆者に教えてくれた。結局、その日筆者はこの街で朝まで飲んだ後、コンビニでさっそく朝日新聞を買った。その一面トップ記事を読んで「『噂の眞相』によると」というクレジットが入っていることを確認して〈約束を守ってくれてよかった。これで、またしばらく忙しくなるだろうな〉との感慨を抱きつつ新宿のセカンドハウスで眠りについた。いつものように、お昼過ぎに目を覚ますと、携帯電話には会社や知り合いの記者たちから何本も留守電が入っていた。大急ぎで歩いて2、

3分の会社に行って、各社からの取材の対応に追われた。これが朝日一面トップ記事になった顚末《てんまつ》のすべてである。

最後に余談を紹介しておきたい。この取材騒動の中で、A子さんがもっとも怒りを見せたのは、当時『サンデー毎日』の女性記者Oがいっさい名前も出ていないA子さんの実家を割り出し、A子さんの北海道の実家にまで出没して何種類かの写真まで手に入れて誌面に掲載したことだった。これには『噂の眞相』も「ジャーナリストとしてはスタンス、ターゲットが違うだろう」という意味でO記者を批判した。A子さんはまったくの私人であり、検察ナンバー2の呆れた実態に関して勇気をふるって告発した人物。強大な権力をもつ検察を相手にする一介の市民にすぎない若い女性のプライバシーを晒し、匿名性を暴くことにジャーナリズムとしていかほどの意味があるのか、という『噂の眞相』的スタンスからのO記者批判だった。

この毎日新聞のO記者は、筆者が行きつけの新宿ゴールデン街の店にもたまに来ていたこともあって、この『噂の眞相』の批判に対してその後怒っているとの声が間接的に聞こえてきた。筆者はそれを伝えてくれた人物に、『噂の眞相』の真意をキチンとO記者に伝えてくれるように懇切丁寧に話をした。それから3年後、この女性記者は2年連続で新聞協会賞を受賞するスクープ記事を手掛けた。『噂の眞相』がO記者を批判したのは、ジャーナリストは何を撃つべきか、という問題提起の意味が含まれていた。それがO記者にキチンと伝わった結果だったかどうかは分からないが、その後のO記者は、持ち前の人脈や取材力をプラスに転化した権力スキャンダルに取り組み、新聞記者としては栄誉ある新聞協会賞を異例の連続受賞し、社費でイギリス留学という恵まれた待遇まで手にしたのだから、『噂の眞相』としてもうれしい限りだった。則定スクープ報道の知られざるサイドストーリーの一幕である。

▼森喜朗前総理と売春検挙歴報道を巡り裁判で全面対決の結末。

『噂の眞相』が現職の総理大臣に名誉毀損で訴えられたという前代未聞の事態に直面したのが、創刊から21年経った00年6月号での特集記事だった。『噂の眞相』は過去25年の歴史の中で、それこそ数え切れないほどの訴訟沙汰を抱え続けてきたが、現職の総理大臣に提訴されたのは、むろんこれが初めてのケースだった。

提訴されたのは「独占スクープ！　『サメの脳ミソ』と『ノミの心臓』を持つ森喜朗〝総理失格〟の決定的人間性の証明」と題した特集だったが、ここで時の総理大臣・森喜朗が早稲田大学の学生時代の1958年に、現在の売春防止法の前身である売春等取締条例違反で検挙されていたというスクープを掲載したのだ。このスクープへの反響は大きく、発売直後から取材が殺到、マスコミ各紙誌が『噂の眞相』の後追い記事を掲載し、国会でも取り上げられ、騒動は予想以上に大きくなっていった。

そして発売から1週間で、森は『噂の眞相』への提訴に踏み切ったのだ。有名政治家などの公人がメディアを訴える場合、その多くは〝メンツ告訴〟だといわれている。他メディアへの拡大を「記事を書いたら提訴する」という恫喝で阻止し、また周囲には「あの記事は事実無根だから提訴（告訴）した」という言い訳のパフォーマンスとして使うためである。そしてほとぼりが冷めた頃和解したり、こっそり提訴を取り下げたりするという手法だ。『噂の眞相』では亀井静香代議士にこれを2回もやられている。これは、メディア側としてははなはだ迷惑な話で、裁判費用を簡単に捻出できる権力者のみが使える卑劣な手口といえる。

実際その後の経過を考えると、森喜朗のケースも和解による決着となっており、総理大臣としてのメンツ提訴だったとしか思えないものだった。

裁判過程でもなかなか興味深いものがあった。まず『噂の眞相』側の主張が通り、東京地裁が警視庁に対し森の逮捕歴を公表するよう調査委託を申し入れたのだが、警視庁は「調査には応じかねる」と木で鼻を括ったような回答で拒否してきた。もし森側が、『噂の眞相』が報じた検挙歴が嘘だと主張するなら、森自ら前歴を警視庁に照会させればいい。本人からの、しかも時の総理大臣の要請なら、警視庁は当然公表に応じただろう。しかし森はそうした行動を一切らないばかりか、逆に裁判の引き延ばし作戦にまで出たのだ。いたずらに時間が過ぎたまま結審し、第一審判決では売春検挙歴の有無の判断を一切避けたまま、他の記述部分に関して『噂の眞相』に名誉毀損を認めて300万円の賠償金支払い命令判決が出されたのだ。まさかの判決に、『噂の眞相』は即刻控訴して、一国の首相とは思えぬ森総理の卑劣な態度に対し、本格的な反撃に出ることにする。そのウルトラCが森の指紋入手作戦だった。

というのも、『噂の眞相』は森の検挙された際の証拠として「事件番号」と「前歴カード」に記載された森の指紋番号を入手しており、あとは森本人の指紋を入手し照合さえすれば警視庁が協力してくれなくても事実の立証ができることになるためだ。そこで筆者が取った秘策は、『噂の眞相』の誌面で森の指紋を広く募集するアイデアだった。30万円の懸賞金つき募集である。森総理のメンタリティならば、後援会メンバーや自身が通う料亭などに相撲取りのようなサイン入り手形を必ず残しているはずだ、という直感だった。その甲斐あって、森のサイン入りの両手指紋を所有していた姓名鑑定家が名乗り出てくれたのだ。そこで早速、これを独自に鑑定して裁判所に提出することにした。鑑定人は幸運なことに、人脈を頼って「指紋の神様」といわれた警視庁OBの塚本宇兵氏へ依頼することができた。鑑定料は60万円くらいだったが、その鑑定結果は、実に誤差は500万分の1以下という確率で森本人の指紋番号とぴったり一致したのだ。

しかし、一方の森はといえば相変わらず、「指紋番号は警視庁独自の番号で民間会社が特定などできない」との苦しい抗弁を続けていたが、見かねた裁判所が森に助け舟を出す形で和解交渉となった。裁判所としても一国の総理大臣に売春検挙歴があったことじたいを判決文に書くのは忍びない、という政治的配慮があったのだろう。就任したばかりの総理大臣に検挙歴があったとの判決が出れば、日本だけじゃなく海外のメディアでもいっせいに大きく取り上げられ、日本のイメージや海外での外交上の威信低下は避けられなかったからだ。結局、この和解は、賠償金なしというもので、第一審の300万円とは大きく異なったものだった。その代わり、『噂の眞相』が森の地元紙の北国新聞と、なぜか日経新聞に簡単な訂正文を出すという和解内容だった。こうして森のメンツ提訴は逆に森自身の首を絞める形となり、第三者がみても検挙歴は本当だったんだ、と思わせるに十分な和解劇となった。『噂の眞相』としては一審判決を撤回させ、実質的に高裁で勝訴したも同然とのコメントを発表した。当時よくいわれたものだが、森総理もあれは若気の至りだったと認めた上で笑い飛ばせば、これほどまでにダメージを受けることはなかっただろう。むろん、『噂の眞相』に対して「そんな学生時代のことまでほじくりかえす必要があるのか」という批判もあった。しかし、この事実は当時から日本の公安警察もつかんでいることが確認されており、いずれ海外の諜報機関の知るところとなれば、国際外交でこの事実をネタにオドシや揺さぶりをかけられ、国益を損なう事態になりかねない。だとすれば、たいしたネタではないが、さっさと公表した方がオドシの材料にもならず、日本の国益にとってはマシとの判断もあったことをつけくわえておきたい。

またこの間、森は総理就任早々にもかかわらず、「日本は神の国発言」で物議を醸し、ハワイでの実習船沈没事件の際にも、ゴルフプレーを続行したことなどで批判の集中砲火を浴び、その挙句支持率が10パーセントを切るという政権の危機に直面していた。そもそも総理就任の選出過程からして、小渕恵三総理の急逝にともない、自民党大物議員たちの密室談合で決まったことで、当初より政権の正当性じたいに疑問をもたれていた。そして自らのスキャンダルと共に、追い討ちをかけるように仲良しの女房役・中川秀直官房長官（当時）の女性スキャンダルが発覚、森は1年を経ずして短命内閣として自滅の道を辿《たど》っていく。そして、起死回生の自民党の救世主として、小泉純一郎にバトンタッチされていくのである。

そして、この森総理の最後っ屁として忘れてならないのは、相次ぐスキャンダルの噴出によって政権崩壊の危機を招いた教訓から、国会に上程されてその後の小泉内閣時代に成立した〝政治家スキャンダル防止法〟ともいえる個人情報保護法の法制化を目論んだことである。これは度重なる自分や側近のスキャンダル報道に業を煮やした森総理が、官僚に命じて積極的に制定させようと推進した法案だった。そうした経緯から特に、森総理の売春検挙歴をスッ破抜いた『噂の眞相』と中川官房長官の女性スキャンダルをスッ破抜いた『フォーカス』が、この稀代の悪法を引き出したA級戦犯といわれた。そのことじたいは認めるとしても、雑誌としては、政治家のスキャンダルをスッ破抜いて、国民や有権者に情報公開して問題提起するのは社会的責務である。それを悪法を引き出すからやめろというのは、本末転倒の発想である。

問題は政権党に上手く取り入って、政治家にも自分たちにも都合のいい法律を起案する官僚たちの狡猾さの方ではないか。というのも、自民党は相次ぐ週刊誌のスキャンダル報道によって、そのたびに政局が揺れる不安定状態を何とかしなくてはならないという長年の懸案を抱えてきた。それが、国民総背番号制といわれる住基ネットの施行により、個人情報を保護しなければならない、という大義名分を千載一遇のチャンスとばかり巧妙に利用しただけの話である。政治家も官僚も、一般国民同様に等しく個人情報は守られなくてはならないというのは一見正しい言い分に聞こえる。しかし、公人は個人のプライバシーが制限されてしかるべきで、国民の税金で禄を食《は》む公益にかかわる業務に当たる公僕であることを忘れてはならない。

現行の名誉毀損裁判においてすら、こうした公的目的、公益性がある政治家にはプライバシーに踏み込んだ報道をされてもやむを得ないというのが確定した判例なのだ。個人情報保護法が、そうした憲法解釈すらも超越して、政治家や官僚に特権的保護を与えていることこそが大問題なのである。最近の社会保険庁のズサン極まりない実態や、日歯連の橋本龍太郎に対する1億円政治献金などの報道も、05年4月からの個人情報保護法の施行によって、週刊誌のスキャンダル報道は大幅に規制され、骨抜きにされる可能性がある。少なくとも、『噂の眞相』のような雑誌は存在すらできなくなる。戦前の治安維持法に匹敵する事前検閲と刑罰の発動が可能になる法律なのである。そして、この個人情報保護法成立により、政治家スキャンダルまでが法的規制の対象になるだろうと判断したことが、『噂の眞相』休刊を決定づけた要因であったことを考えれば、森前総理との因縁はつくづく深いものがあったといえる。何せ、森喜朗の長男で秘書もつとめたことがある祐喜が六本木の高級クラブSのホステスと一緒にドラッグをやっていたとのスキャンダルをスッ破抜いたのも『噂の眞相』だったのだ。

ついでに記せば、この森売春検挙歴スクープ報道により、前年の則定愛人スクープに続き、00年度の「編集者が選ぶ雑誌ジャーナリズム賞」の月刊誌部門のスクープ賞を2年連続で受賞した。これははっきりいって森総理自身が提訴したことで騒ぎを大きくして話題を煽《あお》ってくれたおかげである。とはいえ、『噂の眞相』の記事が社会的には一定の評価をされても、政治家という権力者にとっては、心底目障りで抹殺すべき存在の雑誌だったということである。

▼皇室記事に対する右翼襲撃で血まみれになった大惨事の教訓。

『噂の眞相』編集発行人をつとめた筆者の25年の間で、初めて直接的な暴力行為に遭遇したのが右翼団体員による編集部襲撃による流血事件だった。

2000年6月7日午後6時少し前、右翼団体日本青年社の二人が編集部を抗議に訪れた。皇室担当でもある副編集長の川端幹人とともに、筆者はその応対にあたった。抗議内容は1カ月ほど前に発売された00年6月号に掲載された雅子妃に関する一行情報に関するもので、右翼二人の主張は「雅子妃を呼び捨てにするとは何事だ。許せない、謝罪せよ」というものだった。もちろん雅子妃と敬称をつけなかったことに関しては編集部の単純なケアレスミスであり、謝罪文掲載の要求は飲むつもりだったが、二人は「謝罪のために雑誌を1号休刊しろ」という無理難題の要求を出してきた。もちろん、こんな要求には応じられるはずもない。しばらく平行線の話し合いが続いたが、話し合いが10分ほど経過した後、二人組は申し合わせたように突然暴れだしたのだ。応接用テーブルの上にあったクリスタル製の灰皿を筆者に投げつけ、さらにはそれを止めようとした副編集長にも殴りかかるなど、大暴れを始めたのだ。しかも暴行が始まった直後、ただならぬ大声とドスンドスンという物音で、隣の部屋にいた男性編集部員三人が駆けつけて止めに入ろうとしたものの、その三人に対してまで暴行をふるい始めたのだ。筆者はとっさに近くにあった折りたたみ式の椅子を振りかざして抵抗したが、右翼のひとりが台所にあった包丁まで持ち出して威嚇を始めた。こうしてひとしきり暴れた後、二人はまったく逃げる様子もなく、「警察を呼べ」と叫び、編集部から立ち去る気配はなかった。団体の意を受けて逮捕、懲役覚悟で暴れたことが明らかだった。結局、近くの交番に駆け込んだ女性スタッフの通報で駆けつけた警官に二人は現行犯逮捕された。

このとき、筆者の額と太ももから流れ出た血で、編集部の床の絨毯《じゅうたん》が真っ赤になった。また出血した血を洗い流すために洗面所に入ったのだが、その洗面所の床も便器の中もまた真っ赤になるくらいの流血の惨事だった。管轄の四谷警察による現場検証が行われる中、一報を聞きつけたマスコミが編集部に殺到したが、なぜか一番乗りは共同通信だったことはよくおぼえている。おそらく、〈あ、これで、両親も地元の南日本新聞を見て心配するだろうな〉との思いが脳裏をよぎったからだろう。その日、編集部員は、深夜までマスコミや見舞い客の対応におおわらわだったが、その対応にあたった編集部員にしても、その時には興奮状態にあったために気がつかなかったようだが、翌日には肋骨骨折が二人、手がグローブのように腫れあがったり、口を殴られたときに歯が折れたスタッフもいたことが判明するなど、まさに満身創痍の編集部だった。

一方、筆者は夜から銀座での打ち合わせの予定が入っており、出血もおさまったこともあり出かけようとしたのだが、警察からは「署で事情を聞きたい」という要請が入る。筆者は『噂の眞相』で反権力の編集方針を掲げて警察スキャンダルも追及してきた立場にあるため、警察に協力することじたいに抵抗があり、事情聴取は断るつもりだったが、編集部員からは「その怪我で酒など飲んだら大変なことになる、とりあえず病院に行った方がいい」と引き止められ、仕方なく病院に行く前に四谷署に出向くことを選択した。案の定というべきか、聴取途中から足がだんだん腫れ上がり痛みも増して我慢できなくなってきた。聴取後、パトカーで新宿の救急病院・春山外科に行き、その結果、額を6針、太ももを3針縫い、結局全治40日という怪我を負っていたことが分かった。病院から編集部にもどってきたのは深夜1時近かった。スタッフや心配して駆けつけた見舞い客が待っていたため、近くの居酒屋「池林房」に移動して、お疲れさんの飲み会を朝までやり、結局、この事件が社会面にカラー写真入りで大きく取り上げられていた朝日新聞の朝刊をコンビニで買って、それを読みながら新宿のセカンドハウスに帰宅した。大怪我の後に飲み会をやったことに対しては大いにヒンシュクを買ってしまったが。

この事件は、さまざまな教訓を残した。そもそも『噂の眞相』は創刊以来一貫して皇室タブーに挑んできた歴史があった。創刊2年目に起こった「皇室ポルノ事件」もそのひとつだ。その後も、昭和天皇崩御に関わるXデイ騒動やマスコミ報道批判、その後続いた一連の宮中秘儀のスッ破抜き、雅子妃の懐妊に関する問題などがそれである。そのためさまざまなトラブルも経験した。特に「皇室ポルノ」事件の際には、雑誌存続の危機にまで追い込まれたことはすでに第一章で書いた通りだ。その後もさまざまな右翼・民族派団体の抗議にもあったし、大型バスの街宣車2台で押しかけられたこともあったが、その都度話し合いで解決してきた経緯があった。『噂の眞相』の反権力・反権威の編集方針にそって、あくまでも天皇制にまつわるマスコミ・タブーへの挑戦や旧態然の宮内庁批判が目的であった。そのことで、右翼団体の抗議を受ければ、相手の主張もきちんと聞くために話し合いをもつということも繰り返してきた。筆者は雑誌を発行し続ける中で「いくら主義主張が違っても、話せばわかる」という信条のようなものをもってきた。そのため、右翼・民族派であろうと批判した著名人であろうと、これまでも抗議があれば黙殺することなく直接会って話を聞くようにしてきた。

しかし、今回の襲撃事件の後でマスコミ関係者や知人から、「右翼二人を不用意に編集部に通し、しかもお茶まで出したのは警戒心があまりにもなさすぎるのではないか」、「編集部の危機管理に問題があるのではないか」などと批判された。だが、他人を批判している以上、抗議に対しても真摯に対応するのは当然のことだし、こうしたオープンな編集室の対応こそがジャーナリズムに関わる雑誌の編集部として当然だったと、今でもそう思っている。
とはいっても、右翼二人の襲撃後は、突然訪れてくる人物に対しては以前よりは警戒感をもつようになった。この事件をきっかけに、編集室にスタンガンや催涙スプレーも用意した。筆者ひとりの身だけではなく、10人ほどの編集スタッフを擁する会社の代表としても、スタッフを安易に危険に晒すことは避けなければならないという教訓からだったが、これは今までの『噂の眞相』という雑誌の、あるべき理想の姿を放棄する分岐点ともなった出来事だった。

そして基本的にノー天気な筆者はともかく、この右翼襲撃事件でもっと大きな精神的ダメージを受けたのが川端副編集長だった。編集室の監視カメラに残された、川端がソファーに腰を下ろして顔を両手で覆いうなだれている事件直後のシーンがそのことを雄弁に物語っていた。川端は口にこそ出さなかったが、この事件がトラウマになっただろうことは容易に想像がつく。こうした事実も、雑誌休刊を最終決断する要因になった。筆者が表舞台から引退して黒幕となり、第二次『噂の眞相』を継続していくには、川端を前面に立てるしかないと考えていたが、その選択肢はもはや難しいだろうと最終判断したきっかけとなった事件だった。捕まった二人の右翼には懲役1年4カ月の実刑判決が下され、その後、風の便りで、二人が出所したことを聞かされた。再び復讐の襲撃があるかもしれないと緊張が走ったものの、特に対策などはとらなかった。ジャーナリズムに関わるということは、そういう局面がいつやってくるか分からない緊張の日々を絶えず求められることが宿命づけられた職業だからである。

最後に私的なエピソードに触れることを許していただきたい。筆者がこの『噂の眞相』を創刊する際、資金援助に応じてくれたばかりか、身の危険をともなうこの仕事に対しても理解を示して見守ってくれた父が、最終休刊号の〆切りに入る1カ月前に帰らぬ人となった。04年3月号の〆切り真っ最中だったが、母からの電話で、急遽羽田から鹿児島空港に飛び、空港からレンタカーで実家に駆けつけたのは、もう夜9時近くになっていた。その日の夜半に、父は母と筆者に手を握られたまま息を引き取った。享年87、大往生ではあったが、『噂の眞相』最終休刊号まであと一息というところでの逝去だったことが、惜しまれた。

というのも、この右翼襲撃事件で、全治40日という怪我を負った時、さすがの父も本気で心配して「もうそろそろ危ない仕事はやめた方がいいんじゃないか」と言葉少なに語っていたからだ。その日が来たことを報告出来なかったことだけが、いまでも心残りである。

〈文中、一部敬称略としました〉

あとがき

ようやく、あとがきを書く段階にこぎつけた。『噂の眞相』休刊からすでに半年が経過している。毎月の締め切りに追われる日々からは解放されて沖縄を拠点とした生活は開始したものの、まだ念願の海外バックパッカーの旅の方はそのハシリ程度しか実行していない。その最大の理由はこの新書の書き下ろしが意外に手間取ったことがある。筆者はこれまで手書き原稿の抜群の速さを得意としてきたが、本書はまるまる一冊パソコンのキーボードを叩いて完成させたからである。これには『噂眞』のスタッフもビックリ仰天だった。むろん、そのせいだけではない。やはり、休刊後も何かと取材を受けたり原稿執筆などの仕事を頼まれたりで、東京と沖縄を行ったり来たりする生活が続いたためだ。休刊後は生活拠点を沖縄に移して最低2年間はいっさいの仕事をやめて人生の休養を取ろうと決めたのも、東京にいれば何かと人間関係のしがらみがあって仕事を頼まれても断りにくいだろうと考えたためである。その判断じたいは間違っていなかったが、やはり仕事を頼まれるとなかなか断れないという自分の性分にあらためて気づかされる結果ともなった。やはり、ほんとにゆっくりできるのは、この新書が発売された以降になるだろう。

休刊により沖縄移住を開始したことで、あらためて気づかされたのが、東京を中心としたマスメディアの発信と地方紙を中心とした地方メディアの明らかな温度差である。特に、沖縄では04年夏の普天間基地の米軍ヘリが宜野湾市の市街地にある沖縄国際大学のキャンパスに墜落した事故をめぐる報道ぶりに顕著にあらわれた。米軍は沖縄県警の現場検証すら拒否し、沖縄がいまだに治外法権下の植民地扱いされているという日米地位協定の問題点をまたもやクローズアップさせた。この手の事件は、これで一体何回目なのか、何回繰り返されるのか。東京を中心としたマスメディアもこの一件は報じたものの、沖縄から見ていれば、通り一遍のおざなりの報道にしか見えない。東京発の全国紙は首相官邸や外務省の日米関係の絶対性の延長線上でしか物事を判断できないという限界を抱えている。日本の全国紙はもはや中央官庁と二人三脚で歩まざるを得ないという基本的には官報の役回りを強いられ、自分たちもその立場に甘んじているためだ。しかし、本来のメディアの機能は日米関係そのものに対しても切り込んでいき、常に日米両政府の権力の行きすぎを監視しチェックすべき立場だったはずではなかったのか。

国内の米軍基地の75パーセントを押しつけられている沖縄が、この普天間基地だけではなく、嘉手納基地も抱えており、米国のファントム戦闘機が軍事訓練中に尾翼を破損し、大事故につながりかねない出来事もあったし、嘉手納基地所属の米国人営業マンが北谷町《ちゃたん》に住む女性の強姦容疑で逮捕される事件もあった。外務大臣に就任したばかりの町村信孝がさっそく普天間のヘリ墜落現場に飛んだものの、「ヘリ操縦技術が上手だったのかもしれない」という無神経な発言をして沖縄県民の不信感と怒りを買った。しかし、この町村発言は日本の外務省や官邸が沖縄を見ている視点を率直に反映させたものでもある。戦後一貫して外務省は日米関係を論じることじたいタブーとして封じ込めてきた。日本政府にとって、日米関係は何よりも最優先事項のために、沖縄にはひたすら我慢してもらうしかない、そのかわり経済的優遇や公共事業で面倒をみるからというわけである。過疎の村に原発という危険な施設を誘致し、その代わり経済的な投資はふんだんにつぎ込むという手口と同じやり方である。要は、政府も中央のメディアも沖縄は自分の痛みとしてとらえることなく、所詮他人事としてすましてきたのである。現実至上主義という名のもとにである。それに対して沖縄の『琉球新報』や『沖縄タイムス』といった地元のメディアは日米両政府に対して果敢にものをいい続けてきた。事件や事故がひとたび起きれば、繰り返しキャンペーンもはってきた。全国紙に比べれば、新聞ジャーナリズムの原点がまだ健在であるともいえる。沖縄の地にいれば中央メディアとは切実感や問題意識の深みが違うことを否が応でも痛感させられる日々となる。

日本のイラクへの自衛隊という名の軍隊派兵、国連常任理事国入りの表明、アメリカ主導の在日米軍の再編問題など21世紀に入った日本を巡る軍事・外交の課題は多い。しかし普天間基地の移転先とされた辺野古《へのこ》沖計画も反対の声が強く、いまだ頓挫しており、在日米軍再編にしてもリーダーシップなき日本政府に業を煮やした沖縄県の稲嶺恵一知事は基地負担の軽減を狙って独自の沖縄案の策定に乗り出した。しかし、そのことを発表した途端、中央政府の横槍が入って、稲嶺発言は明らかにトーンダウンしてしまった。何しろ沖縄には外務省から派遣された大使が常駐している非日本なのだ。小泉総理が沖縄紙の記者に質問されて、会見時に語った「基地の負担軽減のために一部を本土に移転することも検討したい」という発言が沖縄に対する単なるリップサービスでないとすれば、横田基地や総理の地元である横須賀、東京のど真ん中のお台場にヘリポート基地を移転して、日本の安全保障のための応分の危険負担を肌で感じてもらうのも一案ではないか。いつまでも、沖縄やイラクは他人事という首都に住む人々、政府、マスコミ、言論人を覚醒させる意味でも妙案だと思うのだが、いかがだろうか。

という具合に、『噂の眞相』を休刊して沖縄生活をスタートさせても、メディアや生々しい政治の動きに無関心でも無縁でもいられそうもない。やはり25年にわたり、永田町からメディア事情まで情報最前線にいてフォローしてきた習性ということかもしれない。休刊後の休息の場として選んだ沖縄が日米関係の機軸を支えるための矛盾が集約された米軍基地の島だったということは、筆者にとっては幸か不幸か、その答えはいずれはっきりするに違いない。沖縄の熱い太陽、美しすぎるマリンブルーの珊瑚礁の海、音楽や食生活に見る独自の琉球文化の裏側に、厳然と横たわっている米軍基地という存在がある限り、単なる癒しの島や楽園ではありえないからだ。米軍基地の彼方、海のズーッと向こうにはニライカナイではなく、いまだに死者が絶えないイラク戦争があることは、やはりイラクに直結している米軍の出撃拠点としての基地のある沖縄にいる限り何かにつけて想起せざるをえないのだろう。そのことが第二次『噂の眞相』の再刊につながっていくかどうかは、今のところまったくの白紙状態で、これからの休養期間中にゆっくり考えるつもりである。

最後になったが、『噂の眞相』を25年間にわたり支えてくれた数多くの協力者の皆様やスタッフ、読者に対し、「ありがとう」と深く感謝しておきたい。そして本書を手にしてくれた人々に対しても感謝である。願わくば、いつの日か、またどこかで再会できる機会があったら幸いである。

2004年10月某日　　　　沖縄県那覇市の別宅にて　　岡留安則

岡留安則（おかどめ やすのり）

一九四七年、鹿児島県生まれ。法政大学卒業後、『マスコミ評論』を創刊。七九年、『噂の眞相』を編集発行人として立ち上げ、以来、二五年間一貫してスキャンダリズムを追求する。この間、数々のスクープを世に問うが、〇四年三月をもって黒字休刊に踏み切る。主な著書に『「噂の眞相」編集長日誌』『武器としてのスキャンダル』等がある。

集英社新書〇二七五B

『噂《うわさ》の眞《しん》相《そう》』25年《ねん》戦《せん》記《き》

二〇〇五年一月一九日 第一刷発行
二〇〇五年二月二七日 第三刷発行

著者……岡留安則《おかどめやすのり》
発行者……谷山尚義
発行所……株式会社集英社
東京都千代田区一ツ橋二-五-一〇 郵便番号一〇一-八〇五〇
電話 〇三-三二三〇-六三九一（編集部）
〇三-三二三〇-六三九三（販売部）
〇三-三二三〇-六〇八〇（制作部）

装幀……原 研哉
印刷所……大日本印刷株式会社 凸版印刷株式会社
製本所……加藤製本株式会社

定価はカバーに表示してあります。

ISBN 4-08-720275-5 C0236
Printed in Japan

a pilot of wisdom

集英社新書　好評既刊

a pilot of wisdom